भारत में धर्म

समस्या और समाधान

डॉ० सी.पी. त्रिवेदी

Originals

(an imprint of Low Price Publications)

Delhi-110052

वितरकः
डी. के. पब्लिशर्स डिस्ट्रीब्यूटर्स (प्रा.) लि.
24, अंसारी रोड, दरियागंज
नई दिल्ली-110002
दूरभाषः 3261465, 3278584
ई-मेलः dkpd@del3.vsnl.net.in
यूआरएल: www.dkpd.com

अ. मा. पु. सं. 81-7536-276-6

Laser Typeset at
Ascent Press Services
New Delhi

प्रकाशकः
ओरिजिन्लस
ए-६, नीमड़ी कमर्शियल सेंटर,
अशोक विहार फेज-IV,
दिल्ली- ११००५२
दूरभाष : 7401672, 7452453

मुद्रकः डी. के. फाईन आर्ट प्रैस (प्रा.) लि.
दिल्ली- ११००५२

भारत में प्रकाशित

समर्पण

इदं नम ऋषिभ्यः पूर्वजेभ्य पूर्वेभ्यः पथिकृदभ्यः।

\- ऋग्वेद 10-14-50

Adoration to the Primal Rishis
The Ancient Path Finders

अनुक्रमणिका

1

भूमिका

भारत में धर्म - भारत की ज्वलन्त समस्याओं का प्रतिबिम्ब है। समस्याओं के मूल कारणों की तह में जाने पर प्रतीत होता है कि समस्त समस्याओं के मूल में एक ही कारण प्रमुख है। समस्याओं के परिप्रेक्ष्य मे उसका विवेचन कर उसका समाधान खोजने का प्रयत्न इस पुस्तक मे किया गया है। समस्याओं को खोजना जहां अत्यन्त आसान है, वहीं उनके समाधान अधिकांश सतही होते है। क्योंकि समस्या का समग्र रुप में आकलन ही नहीं किया जाता है, अतः समस्याओं का अनवरत सिलसिला चलता रहता है। इस दृष्टि से भारत की समस्याओं का समग्र रुप में आकलन करने का प्रयत्न किया है, जो समष्टिगत समस्याओं का मिला जुला रुप है। इन समस्याओं के समाधान समष्टिपरकता के आईने में ही खोजे जा सकते हैं, अन्यथा समस्या का व्यष्टिपरक हल तत्कालिक रूप से सही हो सकता है परन्तु समष्टि के परिप्रेक्ष्य में वह कालान्तर में असफल साबित होगा।

भारत की मूल समस्या धर्म को लेकर है, भारत में जो धर्म की अवधारणा है वह विश्व में नहीं है और जो भारत में है, वह विश्व में नहीं है। अनादिकाल से भारत संस्कृतियों और धर्मो का संगम स्थल रहा है, इस दृष्टि से भारत बहुधर्मी और बहु संस्कृति वाला देश है। आधुनिक युग और प्रजातन्त्र में, जहां संख्या का अपना महत्व है वहां धार्मिक प्रतिस्पर्धा होना स्वाभाविक है, इस पर किसी भी धर्म के हितों पर किंचित भी आघात पूरे विश्व को उद्वेलित करने के लिए पर्याप्त है। एक ईश्वर की सत्ता के अन्तर्गत धर्म - आस्था और विश्वास पर आधारित

होने के कारण जीवन का अतिसंवेदनशील पहलू है। जबकि भारत में सम्पूर्ण सृष्टि एक ईश्वर का रुपान्तरण होने से जगत् ईश्वरमय है, जिससे धर्म और अध्यात्म की संवेदनशीलता, सहिष्णुता और सहअस्तित्व में परिवर्तित हो गई। परन्तु आधुनिक विज्ञान की उन्नति के परिप्रेक्ष्य में जहां वैज्ञानिकों के अनुसार आत्मा और परमात्मा महज एक भ्रम की अभिव्यक्ति है, वहीं विदेशी धर्मो की संवेदनशीलता असहिष्णुता में परिवर्तित होकर स्वदेशी भारतीय धर्म की भावना सहिष्णुता और सहअस्तित्व पर आघात कर रही है। अर्थात् धर्म के आवरण में आतंकवाद प्रभावी हो रहा है। इन परिस्थितियों में यह आवश्यक है कि हम धर्म को इसके मूल परिप्रेक्ष्य में व्याख्या कर स्वीकार करें। भारत विश्व में धर्म और अध्यात्म का जनक होने के कारण यह असंभव नहीं है। एतदर्थ भारतीय संस्कृति के परिप्रेक्ष्य में धर्म किसे कहा जा रहा है, उसे विश्लेषित करने का प्रयास किया है, ताकि मनुष्य अपने प्रत्यक्ष धर्म जिसमें उसका वर्तमान जीवन जुड़ा हुआ है, उसे समझे। अध्यात्म और ईश्वर का सम्बन्ध प्रकृति के अनसुलझे रहस्यों से है, जिसका संबंध अप्रत्यक्ष जीवन अर्थात मुत्यु के पश्चात जीव की नियति से है, जिसका आधार वर्तमान जीवन के नैतिक कार्य है। अर्थात् धर्म और अध्यात्म मनुष्य जीवन के दो भिन्न - भिन्न पहलू है, परन्तु प्रत्यक्ष उद्देश्य एक है, जिसका सीधा संबंध पृथ्वी पर प्रकृति के अन्तर्गत नैतिक कर्त्तव्यो के पालन से है।

पृथ्वी पर जीवन की जितनी विविधताएं हें, उतना ही अध्यात्म का रहस्यमयी संसार है। आधुनिक विज्ञान भले ही आत्मा - परमात्मा को स्वीकार न करे, परन्तु यह प्रयत्न आवश्यक है कि आत्मा - परमात्मा किसे कहा जा रहा है। इस दृष्टि से वेद, उपनिषद्, पुराण, कुरआन, बाईबल, जेन्द अवेस्ता, गुरु ग्रन्थ साहब, जैन एवं बौद्ध ग्रन्थ आदि का अध्ययन करने पर एक मूलभूत एकता परिलक्षित होती है। इस एकता से प्रतीत होता है कि वे मूलभूत रुप से एक ही तथ्य की तरफ ध्यान आकर्षित कर रहे हैं, जिसका विस्तृत वर्णन और मूल वेदो में प्राप्त होता है। इस तथ्य का वैज्ञानिक विश्लेषण और हल आधुनिक विज्ञान की

सहायता से प्राप्त किया जा सकता है। अर्थात् अध्यात्म और विज्ञान में समन्वय संभव है, जिसका यहां संक्षिप्त उल्लेख किया है।

सृष्टि और पृथ्वी पर जीवन का उद्भव और विकास एक प्राकृतिक अभिक्रिया है, जो समय के साथ अपने चरमोत्कर्ष पर पहुंची है। आधुनिक विज्ञान की इस अवधारणा का वैदिक ज्ञान के साथ अद्भूत साम्य है, वरन् वैदिक ज्ञान आधुनिक विज्ञान से कहीं आगे है, जो मनुष्य के आन्तरिक मानसिक विकास के साथ पृथ्वी पर मानवीय एकता का प्रतिपादन भी करते है। अर्थात् आधुनिक विज्ञान की पहुंच अभी प्रकृति के जिन रहस्यों तक नहीं हुई है, उनके हल वेदों की सहायता से प्राप्त हो सकते हैं। इस तथ्य की तरफ संकेत सृष्टि यज्ञ तन्त्र में दिया है। वैदिक ज्ञान को समझने की कुंजी 'पुरुष सूक्त' की सोलह ऋचाओं में समाहित है, वैज्ञानिक विज्ञान की कसौटी पर इन तथ्यों का आकलन करें। फिर यदि वैदिक ज्ञान उन्हें तथ्यपरक लगे तो विज्ञान के परिप्रेक्ष्य में वैदिक ऋचाओं का अध्ययन करे, ताकि ऋचाओं में अन्तर्निहित संकेतों के द्वारा आगे की राह खोजी जा सके। यहां इसका उल्लेख इसलिए भी आवश्यक समझा कि भारतीय वैज्ञानिकों का ध्यान अभी वेदों की तरफ गया नहीं है। जबकि जर्मनी, इंग्लैण्ड और अमेरिका में इन पर वैज्ञानिक दृष्टि डाली जा रही है। जिन्हें हमने धर्म ग्रन्थों की श्रेणी में रखकर पूजा की वस्तु बना दिया है। भारत का गौरवशाली अतीत यदि हकीकत है तो वर्तमान और भविष्य भी गौरवशाली होना अवश्यम्भावी है अर्थात पृथ्वी पर मनुष्य का प्रकृति की तरफ उन्मुख होना और प्रकृति के साथ तादात्म्य तथा संतुलन कायम रखना मनुष्य का धर्म है। यही पृथ्वी पर जीवन का आधार है, जिसकी तरफ वेद ध्यान आकर्षित करते हैं।

भूमिका के समापन में मैं इतना ही कहूंगा कि मेरी व्यक्तिगत क्षमताओं और सीमित साधनों के दायरे में विषय के साथ न्याय करने का भरसक प्रयत्न किया है, फिर भी यदि कोई त्रुटि महसूस हो तो यह मेरी व्यक्तिगत अयोग्यता है, इसके लिए मैं क्षमा प्रार्थी हूँ। इस कार्य को पूर्ण

करने में मेरे मित्रों, सहयोगियों और परिवार के सदस्यों का प्रत्यक्ष - अप्रत्यक्ष पूर्ण सहयोग मिला, इसके लिए मैं उनका हृदय से आभारी हूं। मैं वैदिक शोध संस्थान के अध्यक्ष श्री चैतन्य कुमार झालानी का उनके आत्मीय सहयोग के लिए आभारी हूँ, अन्त में मैं अपने माता-पिता और गुरुजनों का आभारी हूं कि उनके आशीर्वाद से वेदों की ऋचाओं को हृदयगम्य कर, ज्ञान की कुछ पंखुड़ियां इस देश की सेवा हेतु प्रस्तुत करने में सफल हुआ। यदि संविधान समीक्षा में यह पुस्तक सहायक हुई तो अपने प्रयास को सार्थक समझूंगा। इसी आशा के साथ संविधान समीक्षा समिति, जिसका गठन माननीय प्रधान मंत्री श्री अटल बिहारी वाजपेयी के धीर गम्भीर चिन्तन का परिणाम है, उन्हें तथा इस समिति के माननीय सदस्यों को यह पुस्तक सादर समर्पित है।

दिनांक 11.5.2000

डॉ. सी.पी. त्रिवेदी
वैदिक शोध संस्थान
रतलाम - 457 001

2

नई सहस्त्राब्दी

एक शताब्दी का सफर और दूसरी शताब्दी का आगमन कल्पनाओं के संसार में बसंत के आगमन का उल्लास उत्पन्न करता है। परन्तु हकीकत में आँखें खोलते ही उदासी का गमगीन चेहरा नज़र आता है। बीती शताब्दी के सफर का अवलोकन करें तो बीसवीं शताब्दी का प्रारम्भ भारत में आज़ादी की तमन्ना के साथ हुआ और गुलामी के उत्पीड़न और बंधनों को तोड़ता हुआ भारत 15 अगस्त, 1947 को स्वतंत्र हुआ, सूर्योदय के साथ स्वतंत्र भारत का अभ्युदय हुआ परन्तु भारत के तथाकथित धार्मिक विभाजन की विभीषिका में सूर्योदय की लालिमा रक्तरंजित होकर भारत भूमि को खून से सींच रही थी, ब्रिटिश कूटनीतिज्ञों के स्वार्थ की बलिवेदी पर परवान चढ़ी सम्प्रदायवाद की यह विभीषिका चीख-चीख कर स्वतंत्रता का मखौल उड़ा रही थी। इसे न समझते हुए, सम्प्रदायवादी चीखों और मानवता के घावों पर मरहम लगाने के लिए धर्मनिरपेक्षता बनाम सेक्यूलरिज्म का उपयोग किया गया, जिसकी बलिवेदी पर भारतीय संस्कृति को हिन्दुत्व के नाम पर बलिदान किया गया। ब्रिटिश शासकों का यह कार्य निहायत घिनौना और बीसवीं शताब्दी को लज्जित करने वाला था, जो हकीकत में मानवता के साथ खिलवाड़ और स्वतंत्रता के अहिंसक आन्दोलन को हिंसा में परिवर्तित करने का षड्यंत्र था, जिसकी विभीषिका और दर्द 21वीं शताब्दी के प्रारंभ में भी बरकरार है।

यदाकदा इन घावों से खून रिसने लगता है परन्तु राजनेताओं की संवेदना राज प्राप्ति के साथ स्वार्थ की बलिवेदी पर परवान चढ़ गई,

क्योंकि जिस राजशासन के स्वार्थ के वशीभूत भारत का धार्मिक विभाजन स्वीकार किया गया, उसकी नींव भले ही खोखली हो परन्तु शासन करने का मूल मंत्र भी इसी अंतर्निहित है, यही कारण है कि आज सर्वत्र स्वार्थ सर्वोपरि है, जिसके दर्शन सर्वत्र होते हैं। इसी स्वार्थ के चलते राम मन्दिर-बाबरी मस्जिद विवाद जिसे जनता भूल गई थी। बीसवीं सदी के अंत में पुनः राजनेताओं ने संसद में हंगामा कर इसके घावों को हरा कर दिया, जो खंडित भारत की एकता में बाधक है। यदि राम मन्दिर का निर्माण हिन्दुओं की अस्मिता का द्योतक और मस्जिद मुसलमानों की अस्मित का द्योतक है तो इस देश में असंख्य मन्दिर-मस्जिद हैं, जो स्वयं ही अपनी अस्मिता की रक्षा कर लेंगे। मन्दिर-मस्जिद विवाद सर्वोच्च न्यायालय में है, इस पर चर्चा करना किसी भी दृष्टि से उचित नहीं है, अन्यथा अंग्रेजों ने धर्म की जिस सतही बुनियाद पर भारतीय उपमहाद्वीप का विभाजन और स्वतंत्रता की आधारशीला रखी, जिस पर हिन्दू और मुसलमान को खड़ा किया है। इसके दो ही परिणाम हो सकते हैं कि या तो मानवता नेस्तनाबूद हो जाए या भारतीय अपनी पहचान भूल जाएं। कश्मीर से हिन्दुओं-भारतीयों का पलायन और आसाम से हिन्दी भाषियों को भगाना इसके ज्वलंत उदाहरण है। सौभाग्य से भारतीय देश के कोने-कोने तक फैले हुए है, जो भारत की एकता और अखण्डता को कायम रखे हुए है। बीसवीं शताब्दी ने जिस सतही धार्मिक विभाजन की विभीषिका को झेलकर हमें सदियों पुरानी धर्मान्धता में जीने को बाध्य किया, इसके संकेत को समझते हुए हमें यह स्वीकार करना चाहिए कि बीसवीं सदी की सबसे बड़ी भूल भारत का धार्मिक विभाजन थी, जिसने मानवता और भारतीयों को विभक्त कर दिया। इस भूल को स्वीकार कर धार्मिक विभाजन को अस्वीकार करना 21वीं सदी में प्रवेश का स्वर्ण द्वार है अन्यथा प्राकृतिक असंतुलन जिसके फलस्वरूप जलवायु और मौसम में असमय अनचाहे परिवर्तन और भूकम्प आदि हो रहे हैं। इसके साथ ही विश्व स्तर पर तापक्रम में वृद्धि, पृथ्वी पर जीवन की रक्षक ओजोन पर्त का क्षरण, पृथ्वी पर जीवन के लिए संकट का संकेत दे रहे हैं, जो हमें जल प्रलय तथा हिमयुग की तरफ ले जा रहे हैं। पृथ्वी पर प्रकृति

के प्रत्येक घटक के साथ सौहार्द्र, सहिष्णुता और सहअस्तित्व की भावना के साथ प्रकृति के संतुलन को कायम रखना तथा पृथ्वी पर जीवन की रक्षा, मनुष्य का पृथ्वी पर मानवीय कर्त्तव्य और धर्म है, जिसकी तरफ धर्म ग्रंथ और प्राचीन शास्त्र ध्यान आकंर्षित करते हैं। इसे न समझते हुए, हम अपने लिए अपनी संतानों के माध्यम से नरक की विभीषिका तैयार कर रहे हैं। अर्थात हमें अपने अनैतिक कार्यों का फल स्वयं ही भोगना है, जो सृष्टि चक्र के अतर्गत एक वैज्ञानिक तथ्य है।

संविधान समीक्षा और धर्म

भारतीय संविधान का स्वर्ण जयंती वर्ष संविधान के नाम पर एक वैचारिक उफान के साथ सामने आया है। संविधान की समीक्षा के नाम पर देश के शीर्ष पदों पर आसीन व्यक्तियों में मतभेद के स्वर दिखाई दे रहे हैं। ऐसा प्रतीत होता है कि हम 50 वर्ष के पूर्व की स्थितियों में पहुँच गए हैं। जहाँ हर व्यक्ति सशंकित था कि संविधान में मुझे क्या मिलेगा, अब हर व्यक्ति सशंकित है कि कहीं समीक्षा के नाम पर मेरे अधिकारों (सतही) जिन पर बमुश्किल काबू पाया है, उनका क्या होगा, इसी भ्रमजाल में संविधान समीक्षा को अलग-अलग परिप्रेक्ष्य में देखा जा रहा है। हकीकत तो यह है कि भारतीय संविधान गहन चिंतन मनन के पश्चात नैतिकता के उच्च आयामों के साथ अस्तित्व में आया, परन्तु वोटों की स्वार्थ प्रेरित राजनीति और निहित स्वार्थों ने संविधान को विफल बना दिया। जिसकी परिणिति वर्तमान व्यवस्था में परिलक्षित होती है। इसी की अभिव्यक्ति देश के प्रथम नागरिक महामहिम राष्ट्रपति श्री के.आर. नारायणन द्वारा अभिव्यक्त शब्दों में होती है कि हम आत्मावलोकन करें कि हम संविधान की वजह से असफल हुए या हमने संविधान को विफल किया, (27 जनवरी 2000) उनका यह वाक्य और भी गंभीर है कि भारतीय समाज दिनों-दिन निष्ठुर और निर्मम होता जा रहा है। (26.1.2000) अर्थात हर स्तर पर महसूस किया जा रहा है कि गणतंत्र की 50 वर्षों की यात्रा के पश्चात हम आत्मावलोकन करें कि विगत 50 वर्षों में हमने क्या खोया और क्या पाया, यदि कुछ कमी हमें महसूस होती है, तो हमें अतीत में झांककर पहले उस कमी को खोजना चाहिए। अन्यथा हमारी संविधान समीक्षा स्वार्थ प्रेरित और सतही होगी।

सर्वप्रथम हमें अपने अतीत में झांकना चाहिए कि विश्व का सर्वश्रेष्ठ संविधान होते हुए भी, जन आकांक्षाओं की पूर्ति में बाधाएं किस प्रकार और कैसे उत्पन्न हुई कि हमें संविधान की समीक्षा की आवश्यकता महसूस हो रही है, राष्ट्रीय एकता और सामाजिक न्याय का मुद्दा आज भी बरकरार है। विगत 50 वर्षों में गरीब अधिक गरीब हुआ है। आजादी के 53 वर्षों के पश्चात 40 प्रतिशत जनता गरीबी रेखा के नीचे जीवन यापन के लिए बाध्य है यह एक सबसे बडी विडम्बना है। अर्थात नीतियों के क्रियान्वयन में कहीं कोई बडी कमी है। जिसे संविधान संशोधन के द्वारा दूर नहीं नहीं किया जा सकता है। दूसरी सबसे बडी विडम्बना यह परिलक्षित होती है कि हम 50 वर्षों में भी एक सम्पन्न राष्ट्र के रूप में उभर नहीं पाए, जब कि जनसंख्या और प्राकृतिक सम्पदा इस देश को प्रभुता सम्पन्न राष्ट्र के रूप में स्थापित करने के लिए बेताब है। अर्थात हम लोगो में राष्ट्रीयता की भावना जाग्रत करने में असफल रहे, जिसके कारण मानव संसाधन और प्राकृतिक संसाधनों का समुचित उपयोग नहीं हुआ। राजनीतिज्ञ, बुद्धिजीवी और आम जनता सभी वोटों की राजनीति और उसमें निहित स्वार्थों में इतना लिप्त हो गए कि लोग प्रजातंत्र, जो भारत के लिए संजीवनी है, उस पर भी शंका करने लगे हैं। संविधान की समीक्षा को भी इसी रूप में ग्रहण किया जा रहा है कि वोटों की राजनीति में कहीं देश पर तानाशाही न लाद दी जाए। वर्तमान राजनीतिक परिदृश्य में यह आशंका निर्मूल भी नहीं है, क्योंकि भारत में हिन्दू शब्द और धर्मनिरपेक्षता दोनों ही आधारहीन और आयातीत शब्द होने के कारण भ्रम पैदा करने तथा समस्याओं को बहुआयामी स्वरूप देने में सहायक हुए हैं।

भारतीय संविधान की विगत 50 वर्षों की यात्रा और उसमें अतीत में झांकने का जब भी प्रश्न सामने आता है, तो बरबस ही भारत के बर्बरतापूर्ण बटवारे और साम्प्रदायिक जुनून की विभीषिका भी सामने आती है, जिसने भारत को लहुलुहान कर दिया, जिसके घावों से आज भी यदाकदा खून रिसने लगता है, इन घावों की पीडा को हर भारतीय

महसूस करता है, परन्तु उसके अंतर्मन की पीडा को वोटों की राजनीति ने मूक बना दिया है। जब भारत स्वतंत्र हुआ उस समय की परिस्थितियों और तथाकथित धार्मिक विभाजन की विभीषिका में, इससे अच्छा संविधान देना संभव नहीं था, इसमें सभी की भावनाओं का आत्मसात करने का प्रयत्न किया गया था। परन्तु विगत 50 वर्षों के पश्चात भी परिस्थितियों का यथावत रहना तथा जीवन में नैतिक और चारित्रिक अवमूल्यन हमारी जडों को खोखला करते जा रहे हैं। फिर भी अतीत में झांकने से डरना भारतीय स्वभाव की कमजोरी है, जो भाग्य और स्वार्थ दोनों को साथ-साथ लेकर चलता है।

आम भारतीय आज भी भारत के धार्मिक विभाजन को नियति और भारतीय संविधान को सर्वश्रेष्ठ समझता है। परन्तु बुद्धिजीवी और राजनीतिज्ञ जिन्होंने परिस्थितिवश धार्मिक विभाजन को स्वीकार किया था, आज भी अंग्रेजों की कूटनीतिक चाल से अनभिज्ञ है या उन्होंने इसे अपने राजनीतिक ढाल के रूप में अंगीकार कर लिया, जिसके अंतर्गत बिना जन कल्याण के कार्य के वोटों की बरसात होती है। अर्थात धर्म और धार्मिक विभाजन का उपयोग राजनीतिक अस्त्रों के रूप में किया गया, जिससे कोई भी राजनीतिक दल अछूता नहीं हैं। जबकि संविधान में, धर्मनिरपेक्षता या उसका कोई उल्लेख मूल संविधान में नहीं होना ही राजनीतिज्ञों के लिए वरदान साबित हुआ और उन्होंने जनकानस को - धर्म-धर्मनिरपेक्षता ओर सेक्यूलरिज्म की मरीचिका में उलझा के रख दिया। इसी मरीचिका ओर धार्मिक भय के कारण न तो राष्ट्र धर्म के प्रति चेतना जाग्रत हुई और न ही हम एक राष्ट्र के रूप में स्थापित हो सके। वरन् राष्ट्र के प्रति भी हमारा कुछ नैतिक दायित्व है, इससे भी हम विमुख हो गए। अर्थात गणतंत्र की 50 वर्ष की यात्रा के पश्चात विभिन्न क्षेत्रों में हमें, जो कमियां महसूस हो रही है, इसके मूल में हमारा संविधान नहीं वरन् संविधान में धर्म की व्याख्या का न होना है, जिसने संविधान को विश्व में गौरवान्वित तो किया क्योंकि किसी राष्ट्र का धर्म न हो, इसकी कल्पना भी विश्व में नहीं की जा सकती है। इस

संदर्भ में धर्म के प्रति उनका सोच अत्यंत संकीर्ण और मध्ययुगीन है, इस तथ्य से हमारे संविधान निर्माता पूर्णतः वाकिफ थे। इसलिए आधुनिक परिप्रेक्ष्य में इसे सर्वश्रेष्ठ कहा गया और भारत शांति के मसीहा के रूप मे उभरा परन्तु धर्म का पुख्ता आधार न होने के कारण शीघ्र ही यह छवि धूमिल हो गई और हम दिशा विहीन हो गये।

धर्म जैसे संवेदनशील मुद्दे की व्याख्या ओर संविधान में उसका स्थान न होने के कारण संविधान रीढ विहीन होकर सामने आया, जिसमें सब कुछ था परन्तु आत्मा नहीं थी। राजनीतिज्ञों ने इसे तत्कालीन परिस्थितियों के अनुसार संविधान निर्माताओं की नैतिकता न समझते हुए, धर्म को वोट की राजनीति के नाम पर बलि चढा दिया और धर्म को संविधान में स्थान न देने को ही धर्म - निरपेक्षता के नाम पर प्रचारित कर अप्रत्यक्ष धर्म का हव्वा खडा कर दिया, जिससे वोटों की राजनीति में अप्रत्यक्ष रूप से धर्म और धर्मनिरपेक्षता वोट प्राप्ति के साधन हो गये। जिसके परिणाम स्वरूप आज आम आदमी, जो धर्मभीरू है, वह वोट के नाम पर कई वर्गों में बंट गया, जिसमें हर वर्ग के और हर संगठन के स्वार्थ हैं। इन स्वार्थों के चलते नैतिकता, कर्त्तव्य परायणता गौण हो गए, जबकि हमारे संविधान का मूल आधार प्रजातांत्रिक शासन प्रणाली अवश्य है परन्तु प्रजातंत्र का आधार राष्ट्र धर्म और नैतिकता है, जिसे हमने धर्मनिरपेक्षता के नाम पर भुला दिया। राजनैतिक दलों ने सिर्फ भावनाओं को उभारने और वोट के नाम पर उसे भुनाने का ही कार्य किया। यही कारण है कि विभिन्न क्षेत्रों में अनैतिकता ओर असफलता दिखाई दे रही है। यही संसदीय प्रणाली की विफलता, क्षेत्रीयता, अलगाववाद और सम्प्रदायवाद का कारण होकर हमारे सामने है, इनके विकल्प पर भी विचार आवश्यक है।

संविधान में धर्म की व्याख्या न होने के कारण जहाँ आम धारणा यह विकसित हुई कि राष्ट्र का कोई धर्म नहीं है, वरन यह भी धारणा विकसित हुई कि राष्ट्र के प्रति हमारा कोई धर्म नहीं है। जबकि धर्म से तात्पर्य है, जिसे धारण किया जाए, जो समाज और राष्ट्र के हित में हो।

भारतीय संस्कृति के अनुसार सहिष्णुता - सहअस्तित्व की भावना के साथ पृथ्वी पर अपने नैतिक कर्त्तव्यों का पालन धर्म है। पृथ्वी पर जीवन के इस दर्शन में किसी अप्रत्यक्ष ईश्वर का अंकुश नहीं था, वरन् मनुष्य अपने गुण, कर्म एवं स्वभाव के अनुसार ईश्वर की सत्ता को मानने या न मानने के लिए स्वतंत्र था अर्थात किसी को भी ईश्वर की सत्ता मानने के लिए बाध्य नहीं किया गया क्योंकि धर्म और अध्यात्म जीवन के दो भिन्न-भिन्न पहलु है धर्म समस्त मनुष्यों के लिए एक है और अध्यात्म मनुष्य के मानसिक स्तर के अनुसार है। इसके विपरीत विदेशों में धर्म और अध्यात्म एक ईश्वरीय सत्ता के अंतर्गत एकीकृत हैं। परन्तु जब ब्रिटिश शासकों के प्रभाव और उनकी विचारधारा के अनुरूप धर्म को संगठन समझते हुए धर्म और अध्यात्म को एक मान लिया गया तो बरबस ही हम अंग्रेजो के मानसिक गुलाम हो गए। जो हमें आज भी राष्ट्र के प्रति नैतिक कर्त्तव्यों के धर्म से विमुख किए हुए है।

धर्म किसी आस्था या विश्वास का नाम नहीं है, विदेशों में मनुष्य पर से जब नैतिक अंकुश का बंधन ढीला होने लगा तब धर्म को एक अव्यक्त सत्ता के अधीन परिभाषित कर मनुष्य को एक ईश्वर की नैतिक सत्ता के अंतर्गत लाया गया, ताकि मनुष्य के कार्य एक नैतिक सामाजिक दायरे के अंतर्गत हो। इसी धर्म की सत्ता के अंतर्गत जब पादरियों के अनाचार और अत्याचारों की अति हो गई तो यूरोप में चर्च की सत्ता को चुनौती देने के लिए धर्म विरोध अर्थात सेक्यूलरिज़्म की अवधारणा का आर्विभाव हुआ और युरोप में फ्रेंच क्रांति के दौरान चर्च की सत्ता पर इसके माध्यम से अंकुश भी लगा। परन्तु भारत में चर्च की सत्ता के समान कोई धार्मिक संगठन कभी नहीं रहा फिर भी सेक्यूलरिज़्म नामक अफीम की घुट्टी यह देखते हुए पिलाई गई कि कहीं भारत और पाकिस्तान के धार्मिक विभाजन के कारण हिन्दू संगठन जो, महज अंग्रेजों के दिमाग की उपज के अंतर्गत हिन्दू महासभा के रूप में सामने आया था, सत्ता पर काबिज न हो जाए। यह एक हकीकत है कि मुस्लिम लीग और हिन्दू महासभा की स्थापना अंग्रेजो के दिमाग की कुटनीतिक उपज

थी, जिसका उपयोग भारत पर राज करने के लिए किया गया था। जो ''फूट डालो और राज करो'' की नीति का पर्याय था। अंग्रेजो के शासन के बाद राजनीतिक दलों ने इसे ही अंग्रेजों से प्राप्त विरासत के रूप में पोषित किया। इस संदर्भ में यह सर्वज्ञात तथ्य है कि हिन्दू धर्म नाम से कोई भी धर्म भारतीय पौराणिक ग्रंथों में परिभाषित नहीं है। विदेशी ईसाई, पारसी और मुस्लिम धर्मों के अनुरूप हिन्दुस्तान का भी कोई धर्म होना चाहिए इसे ही हिन्दू धर्म नाम दे दिया गया। अन्यथा हिन्दू से तात्पर्य था, हिन्दुस्तान में रहने वाला। इस दृष्टि से हिन्दुस्तान का प्रत्येक मूल वासी जिसका जन्म हिन्दुस्तान में हुआ हिन्दू ही कहलायेगा। परन्तु उसे हिन्दू और मुस्लिम में विभाजित कर धर्म के नाम पर एक विषारोपण किया गया, जो आज पल्लवित होकर एक विशाल विष वृक्ष के रूप में हमारे सामने है। यहॉ आकर भारतीय संस्कृति का मूल मंत्र सहिष्णुता और सह अस्तित्व भी परास्त हो गया। जो अनेकता में एकता का पर्याय था, जिसके अंतर्गत किसी ईश्वर की सत्ता को मानना या न मानना मनुष्य के गुण कर्म और स्वभाव के अनुसार, उसका जन्म सिद्ध अधिकार था। मनुष्य से सिर्फ यही अपेक्षा की जाती थी कि वह अपने नैतिक कर्त्तव्यों का पालन अपने सामाजिक ढांचे के अंतर्गत सहिष्णुता और सह अस्तित्व के साथ करेगा। इस दर्शन में प्रकृति का प्रत्येक घटक समाहित था, जो प्रकृति के अति उच्च ज्ञान की स्वाभाविक परिणिति थी। जिसका उल्लेख वेदों में मिलता है।

अतिरिर्धौरदितिरन्तरिक्षमदितिर्माता सपिता स पुत्रः
विश्वे देवा अदिति; पंच जना अदितिर्जातमदितिर्जनित्वम्।

ऋ० 1-89-10

इस ऋचा में प्रकृति को अदिति के नाम से सम्बोधित करते हुए कहा गया है कि अदिति ही आकाश, अंतरिक्ष ओर अदिति ही माता पिता और पुत्र है। विश्व के समस्त देवता (प्रकृति के घटक) प्रकृति ही है। विश्व में व्याप्त पांच प्रकार के जीव प्रकृति ही है तथा इस सृष्टि में जो कुछ भी है और जो कुछ भी होगा, वह प्रकृति ही है।

प्रकृति की कार्य प्रणाली के इस उच्च ज्ञान के फलस्वरूप ही ''वसुधैव कुटुम्बकम्'' अर्थात् सम्पूर्ण पृथ्वी एक परिवार है का उद्घोष हुआ, जिसमें प्रकृति का प्रत्येक घटक समाहित था। क्योंकि प्रकृति के घटकों के साथ सामंजस्य और संतुलन ही सृष्टि का मूल आधार है। सृष्टि संबंधी इस ज्ञान की अभिव्यक्ति वेदों में होती है, जो पृथ्वी पर मानव सभ्यता के प्राचीनतम दस्तावेज हैं। वेदो का संदर्भ यहाँ इसलिए भी आवश्यक है कि अध्यात्म के मूल स्त्रोत भी वेद है, जिन पर स्वार्थ और आस्था - अनस्था की पर्तें चढी हुई हैं। अन्यथा वेदों मे सृष्टि की उत्पत्ति को प्राकृतिक उत्पत्ति बताया गया है, जो एक मौलिक उर्जा की क्रिया प्रतिक्रिया के फलस्वरूप अस्तित्व में आई। इस एक मौलिक ऊर्जा जिससे सृष्टि का आर्विभाव हुआ, उसे ही अजन्मा, सर्वत्र उपस्थित, सर्वव्याप्त, सनातन और सर्वशक्तिमान कहा गया। ये गुण मौलिक उर्जा के हैं, इसे ही समस्त प्राकृतिक देवताओं के ऊपर एक देवता की मान्यता प्राप्त हुई। वैदिक संस्कृति के नष्ट होने के पश्चात् वैदिक संस्कृति को भिन्न - भिन्न अर्थों में ग्रहण किया गया, जिसके फलस्वरूप दर्शन, धर्म, अध्यात्म और धार्मिक कर्मकाण्ड की विविध श्रंखलाएं प्रारंभ हुई, जो आज स्वार्थ के वशीभूत अपने अपने चरमोत्कर्ष पर हैं। इन स्वार्थों पर से पर्दा आधुनिक विज्ञान ही उठा सकता है। प्रसिद्व वैज्ञानिक अलबर्ट आईस्टीन ने अपने सूत्र $E = mc^2$ अर्थात उर्जा और पदार्थ एक दूसरे में परिवर्तित हो सकते हैं, में इसका संकेत दिया है। जो धर्म और अध्यात्म की तथ्य परक वैज्ञानिक व्याख्या में सहायक हो सकता है। वेदों का सृष्टि संबंधी सारांश यही है कि एक मौलिक उर्जा की क्रिया से सृष्टि का प्रारंभ हुआ, जिससे सूक्ष्म प्रकृति (इलेक्ट्रॉन, प्रोटॉन और न्यूट्रॉन) निर्मित हुई, सूक्ष्म प्रकृति के घटको की क्रिया प्रतिक्रिया से प्रकृति और प्रकृति के घटकों का आविर्भाव हुआ। सृष्टि में प्रकृति ही समस्त क्रिया कलापों की जननी है, जिन्हें मौलिक ऊर्जा प्रेरित कर नियंत्रित करती है।

हकीकत में यदि विश्व के दृष्टिकोण से देखा जाए तो धर्म संकीर्ण और अति संवेदनशीलता का परिचायक है, परन्तु भारत में धर्म की अवधारणा अत्यंत विस्तृत है, इन दो विपरीत दृष्टिकोणों को धर्म और

अध्यात्म की तथ्यपरक वैज्ञानिक व्याख्या के द्वारा एक सूत्र में बांधा जा सकता है। जिसकी विश्व को भी आवश्यकता और भारत से अपेक्षा है अन्यथा संविधान, जो नैतिकता जाग्रत करने में असफल रहा है, वह धार्मिक भिडन्त कैसे रोकेगा? आवश्यकता सिर्फ इस बात की है कि हम वोटो की क्षुद्र राजनीति से उपर उठ कर राष्ट्र के संदर्भ में इस समस्या का समाधान करें, जो विश्व को भी धर्म के संकीर्ण सोच से ऊपर एक नई दिशा दे सकता है। धर्म की सही व्याख्या के अभाव में संविधान समीक्षा और संशोधन चाहे सामाजिक न्याय के लिए हो, सरकार के स्थायित्व के लिए हो या संसदीय प्रजातांत्रिक प्रणाली में सुधार, इन्हें स्वार्थ के आईने में ही देखा जाएगा ओर किसी न किसी वर्ग की असहमति बरकरार रहेगी, जो असंतोष और असहिष्णुता का कारक होगा, जिसके कारण हम दिशा विहीन होकर भटक गये हैं। यही हमारी समस्याओं का मूल कारण है। यदि इसका समाधान खोजने के लिए संविधान की समीक्षा होती है, तो ही सार्थक कदम और देश को नई दिशा देने में समर्थ होगा। अन्यथा एक नींव रहित किले की कितनी ही मरम्मत की जाए, वह कमजोर ही बना रहेगा।

4

धर्म और अध्यात्म - एक नहीं

धर्म और अध्यात्म मनुष्य जीवन के दो महत्वपूर्ण पहलू हैं। धर्म से तात्पर्य है जिसे धारण किया जाए, दूसरे शब्दों में कहा जाए तो सृष्टि को जिसने धारण कर रखा है, उसके प्रति कर्त्तव्यों के पालन को धर्म कहा गया। अर्थात् सृष्टि के अंतर्गत पृथ्वी पर सहिष्णुता, सहअस्तित्व की भावना के साथ नैतिक कर्त्तव्यों का पालन धर्म है। क्योंकि सृष्टि का कारण एक और कारकत्व भी एक है, जिसके अंतर्गत सृष्टि कार्यशील है। धर्म की इस धारणा का आविर्भाव सृष्टि के सूक्ष्म ज्ञान के पश्चात हुआ, जो पृथ्वी पर अनादि काल से मनुष्यों के लिए प्रेरणा और लौकिक जीवन जीने का साधन रहा है। धर्म की इस धारणा के अंतर्गज जब-जब अंधविश्वास और अनैतिकता अपने उत्कर्ष पर पहुंची, तब-तब ऋषियों, मनीषियों, सन्तों और पैगम्बरों ने सृष्टि के सूक्ष्म ज्ञान द्वारा मनुष्यों को पृथ्वी पर जीवन की सही राह बताकर मार्गदर्शन किया, जो सृष्टि के सूक्ष्म ज्ञान के सत्य से प्रेरित था। ''गीता'' में भगवान कृष्ण ने कहा भी है -

यदा यदा हि धर्मस्य ग्लानिर्भवति भारत।
अभ्युत्थानम् धर्मस्य तदात्मानं सृजाम्यहम्।।

– गीता 4-7

इस श्लोक की सत्यता इसी से स्पष्ट है कि विश्व के भिन्न भिन्न भागों में जब जब धर्म का अवमूल्यन हुआ तब-तब तत्वज्ञानी सन्तों व पैगम्बरों ने मानवता को नई राह दिखाई, इस श्रृंखला में कुरआन, बाइबल,

जेन्द अवेस्ता प्रमुख हैं। इन ग्रंथों में कहा भी गया है कि हम कोई नया धर्म प्रतिपादित नहीं कर रहे हैं वरन् अनादि काल से जो पृथ्वी पर मनुष्य का धर्म है, उसमें आ गई विकृतियों का परिमार्जन कर रहे हैं। कुरआन में यह भी कहा गया है कि उनके बाद कोई पैगम्बर नहीं आएगा, यह एक सत्य की अभिव्यक्ति है। इससे तात्पर्य है कि सृष्टि का सूक्ष्म ज्ञान हो जाएगा तब इसकी आवश्यकता नहीं होगी।

अब प्रश्न उठता है कि सृष्टि को किसने धारण कर रखा है? सृष्टि में जीवन का उद्देश्य क्या है? इन्हीं प्रश्नों के आसपास मनुष्य अनादि काल से धूम रहा है। सत्य का ज्ञान न होने के कारण भटकना और अंधविश्वासों में उलझना एक स्वभाविक कार्य है। जिसके कारण समय-समय पर सहिष्णुता, सहअस्तित्व की भावना और मनुष्य के पृथ्वी पर नैतिक कर्तव्यों का धर्म विलुप्त होने की कगार पर पहुँचा, धर्म का आधार सृष्टि का सूक्ष्म ज्ञान था। परन्तु समय के साथ इस ज्ञान की साम्यता तात्कालिक लौकिक ज्ञान के साथ करना संभव नही था, फिर भी सृष्टि के सूक्ष्म ज्ञान के सूत्र, जिनका प्रतिपादन आदि पुरूषों के द्वारा किया गया था, उसी का अवलम्बन लेकर सन्तों, मनीषियों और पैगम्बरों ने सत्य का साक्षात्कार किया। उन्होंने तत्कालीन परिस्थितियों के अनुसार सत्य को अध्यात्म के साथ परिभाषित कर धर्म को अध्यात्म के माध्यम से प्रतिपादित किया और नैतिक कर्त्तव्यों के धर्म पर अध्यात्मिकता का अंकुश लगाया। सृष्टि के रहस्यों में आवृत अध्यात्म या प्रकृति की अनबुझ पहेलियाँ मनुष्य की संवेदनशीलता को प्रभावित करने के लिए पर्याप्त थी। इसके साथ ही पुनर्जन्म, मोक्ष और स्वर्ग - नरक की अवधारणा भी धर्म के साथ जुड गए। अर्थात् धर्म के साथ अध्यात्म जीवन का एक महत्वपूर्ण पहलू हो गया। जबकि वैदिक संस्कृति में इनका कोई स्थान नहीं था।

आधुनिक मत

आधुनिक विज्ञान के अनुसार पृथ्वी सौर मण्डल का एक ग्रह है, सौर मण्डल में पृथ्वी की विशिष्ट स्थिति के कारण पृथ्वी पर जीवन के

अनुकुल परिस्थितियों और जीवन का विकास हुआ, जो क्रमिक विकास के फलस्वरूप वर्तमान अवस्था में पहुँचा है। पृथ्वी पर जीवन, प्रकृति के अंतर्गत एक प्राकृतिक अभिक्रिया है। एक लम्बे समय से यह अध्यात्मवादियों और वैज्ञानिकों के मध्य विवाद का विषय रहा है। अध्यात्मवादी जहाँ ईश्वरीय सत्ता के अंतर्गत जीवन को उद्देश्य पूर्ण मानते हैं, वहीं वैज्ञानिक इसे प्रकृति का प्राकृतिक कार्य मानते है, जिसके लिए सूर्य ऊर्जा का स्त्रोत है और पृथ्वी के वायुमण्डल में उपस्थित ओजोन की पर्त पृथ्वी पर जीवन का कारण है, सौर मण्डल के समस्त ग्रह अपने कक्ष में गति करते हुए सूर्य के चारों तरफ परिक्रमा करते हैं। आधुनिक विज्ञान के इन तथ्यों से कोई भी असहमत नहीं हो सकता। परन्तु पृथ्वी पर जीवन का कुछ उद्देश्य भी है अथवा नहीं इस पर पर्याप्त मतभेद हैं। इसी कारण धर्म की मूल अवधारणा भी विवाद के घेरे में आ गई।

वैदिक मत

हकीकत में पृथ्वी पर जीवन के विकास और उसके आधार पर ज्ञान पूर्व में भी पृथ्वीवासियों को था, इसका ज्ञान वेदों के अध्ययन से होता है, जो पृथ्वी पर मानव सभ्यता की धरोहर और तत्कालीन सभ्यता के साहित्यिक प्रमाण हैं। वेद धर्म की मूल अवधारणा और उसकी व्याख्या में सहायक हो सकते हैं। क्योंकि धर्म और अध्यात्म का संबंध मनुष्य की पृथ्वी पर आदि सभ्यता से है, जिनका मूल वेदों में अंतर्निहित है। वैदिक ज्ञान के अनुसार सृष्टि का उद्भव और विकास, प्रकृति के अंतर्गत एक प्राकृतिक क्रमबद्ध अभिक्रिया का परिणाम है। जिसका वर्णन सृष्टि सूक्तों .ऋ. 1.164, 10-72, 10-81, 10-82, 10-90, 10-121, 10-129 में है, जो आधुनिक युग की वैज्ञानिक अवधारणाओं के अनुकूल है। प्रकृति को अदिति के नाम से सम्बोधित करते हुए प्रकृति को सृष्टि का कारण बताया गया है। वेदों में प्रकृति और प्रकृति के घटकों का निर्माण और उनकी कार्यप्रणाली को रूपकों के माध्यम से अभिव्यक्त किया गया है। वेदों में प्रकृति को अदिति के नाम से ऋ. (1-89-10) तथा प्रकृति में हो रही सूक्ष्म क्रिया अभिक्रियाओं को यज्ञ ऋ. 1-164-50

के द्वारा अभिव्यक्त किया गया है। पृथ्वी पर जीवन की रक्षा पर्त (जिसे हम ओजोन पर्त कहते हैं) – इसका उल्लेख ऋ. 1-164- में तथा अथर्ववेद 1-32 में किया गया है। संक्षिप्त में कहा जाए तो वेद एक सृष्टि तंत्र क़ी तरफ संकेत करते हैं, जो आधुनिक ''परिस्थितिकी तंत्र'' का विकसित रूप है। आधुनिक परिस्थितिकी तंत्र की पहुँच अभी सौर मंडल तक है, अतः पृथ्वी के परिस्थितिकी तंत्र में सूर्य ऊर्जा का मुख्य स्त्रोत है, जबकि वेद इससे ऊपर उठकर ब्रह्माण्डीय सृष्टि तंत्र की चर्चा करते हैं।

स सूर्यः पर्युरू वरांस्येन्द्रो ववृत्याद्रथ्येव चक्रा।
अतिष्ठंतमपस्यं१न सर्गं कृष्णा तमांसि त्विष्या जधान।।

– ऋ. 10.89.2

वह सूर्य आदि को चलाता और घुमाता है, जैसे सारथी रथ के चक्र को चलाता है, इस ऋचा में एक ऊर्जा जिस को सोम कहा गया है की तरफ संकेत है।

सूर्य प्रकृति का एक घटक है, सूर्य और प्रकृति की अभिक्रियाएं एक मौलिक ऊर्जा के द्वारा प्रेरित ओर नियंत्रित होती हैं। इसी तथ्य को यहां स्पष्ट किया गया है। लेकिन मौलिक ऊर्जा अप्रत्यक्ष रूप से क्रियाशील है और प्रकृति प्रत्यक्ष रूप में अपने घटकों अग्नि, सूर्य, वायु, जल, पृथ्वी, पेड़-पौधे ओर जीव-जन्तुओं के माध्यम से क्रियाशील है, एतदर्थ प्रकृति को अदिति नाम से सम्बोधित करते हुए कहा गया है कि इस सृष्टि में जो कुछ भी है और कुछ भी होगा वह प्रकृति ही है। (ऋ.1-89-10) प्रकृति के अंतर्गत सृष्टि में सूर्य जगत की आत्मा और आँख है। ऋ. 1-115-1

सृष्टि की उत्पत्ति ओर प्रकृति की कार्य प्रणाली जिस एक मौलिक ऊर्जा के द्वारा नियंत्रित और प्रेरित होती है, जिसे वेदों में विश्वकर्मा, हिरण्यगर्भ तथा पुरूष सूक्त में पुरूष कहा गया, उसे ही उपनिषदों में ब्रह्म या विश्वात्मा तथा कुरआन में खुदा और बाईबल में परमेश्वर तथा

गुरूग्रंथ साहब में एक औंकार कहा गया। ईश्वर को सभी एकमत से सर्वव्याप्त, सर्वत्र उपस्थित, सर्वशक्तिमान तथ सनातन कहते हैं, जो एक मौलिक उर्जा की वैज्ञानिक अभिव्यक्ति हैं। आधुनिक विज्ञान के अंतर्गत, ऊर्जा के ऊष्मा सम्बन्धी सिद्धान्त के अनुसार ऊर्जा न तो उत्पन्न की जा सकती है और न ही नष्ट की जा सकती है, इसके द्वितीय नियम के अनुसार ऊर्जा का का एक रूप से दूसरे रूप में परिवर्तन हो सकता है, प्रत्येक परिवर्तन के साथ ऊर्जा का कुछ भाग क्षरित होता है। अर्थात पूर्ण रूपान्तरण नहीं होता है। विश्व के महान वैज्ञानिक अलबर्ट आइंस्टीन के सूत्र $E=mc^2$ अर्थात ऊर्जा और पदार्थ एक दूसरे में परिवर्तित हो सकते हैं, से यह अभिव्यक्त होता है कि सृष्टि के समस्त पदार्थ एक ऊर्जा के द्वारा निर्मित हुए हैं। इसे ही उपनिषदों और अध्यात्मिक ग्रन्थों में यह कहकर अभिव्यक्त किया गया कि "सर्वं खल्विदं ब्रह्म" यह सृष्टि ब्रह्म का रूपान्तरण है। यही ऊर्जा संबंधी सिद्धान्त अध्यात्म के मूल में है, जो सर्व व्याप्त भी है और बाहर भी है।

इसे ही वेदों में "एकं सद् विप्रा बहुधा वदन्ति" कुरआन में वह "अन्दर भी है और बाहर भी है" के द्वारा अभिव्यक्त किया गया है। उपनिषदों में इसे ही एक और अनेक के द्वारा भी अभिव्यक्त किया गया। अध्यात्म की अवधारणा के अंतर्गत एक ईश्वर की सत्ता को स्वीकार किया जाए या जगत को ईश्वर मय मानते हुए प्रत्येक वस्तु में ईश्वर का अनुभव किया जाए, यह एक ही सत्य की अभिव्यक्ति है।

सृष्टि सम्बन्धी वैदिक ज्ञान से यह स्पष्ट प्रतीत होता है कि जिस प्रकार वर्तमान में "ग्रीन हाऊस प्रभाव" और "ओजोन पर्त" का क्षरण, जिनके कारण, पृथ्वी पर जीवन के लिए संकट उत्पन्न हो गया है। वैदिक सभ्यता के काल में भी इन परिस्थितियों का ज्ञान था। अथर्ववेद 10-8-36, 39, 40 में इसका उल्लेख है। अर्थात् पृथ्वी पर जीवन का आधार और प्रकृति के घटकों पृथ्वी, जल, वायु, अग्नि, पेड-पौधे, जीव-जन्तु आदि घटकों में प्रत्येक का अपना स्वतंत्र महत्व होने के साथ, पृथ्वी पर संतुलित पर्यावरण हेतु, इन घटकों में साम्यता अत्यंत आवश्यक

है, अन्यथा प्राकृतिक प्रकोप और प्रकृति के संसाधनों के अनियंत्रित दोहन से पृथ्वी पर जीवन के लिए संकट उत्पन्न हो सकता है। प्रकृति और प्राकृतिक संसाधनों का रक्षण और संरक्षण तब ही संभव है, जब आम आदमी को भी इनके महत्व का ज्ञान हो और वे प्राकृतिक संसाधनों का उपयोग अपनी उचित आवश्यकतानुसार करें। वेदों में इसका आभास है, जो प्राकृतिक घटकों की आराधना और उनके प्रति कृतज्ञता के रूप मे मिलता है। जिससे तात्पर्य था कि जिस प्रकार प्रकृति में प्रकृति के घटक अपना विहीत कार्य प्रकृति के सिद्धान्तों के अंतर्गत संपादित करते हैं, मनुष्य भी इसी प्रकृति का अंग है, उसके कार्यों से प्रकृति को अनावश्यक क्षति न पहुंचे यही मनुष्य का प्रकृति के अंतर्गत विहीत कार्य अर्थात् धर्म है। ऋत के सिद्धान्तों के ज्ञान के अंतर्गत ही प्रकृति और पर्यावरण के संरक्षण का धर्म अस्तित्व में आया, जो वैदिक काल में आराधना और कृतज्ञता के रूप में पोषित होता हुआ वैदिक काल के पश्चात, प्रकृति और प्राकृतिक घटकों की अराधना को देवी, देवता आदि के रूप में ग्रहण कर लिया गया। इसके साथ ही प्रकृति के अनुकूल जीवन पद्धति, जिसमें प्रकृति के घटकों के प्रति श्रद्धा और कृतज्ञता प्रमुख थी, उसे प्रतीकात्मक पूजा और अभीष्ट पूर्ति का साधन मान लिया गया।

अध्यात्मवाद

दर्शनशास्त्रियों ने प्रकृति के घटकों की पूजा आराधना को प्राकृतिक बहुदेववाद के रूप में ग्रहण किया और इसे अंधविश्वास समझा गया, दूसरी तरफ वैदिक ज्ञान, यज्ञीय परम्परा और कर्मकाण्ड पर ब्राह्मणों और पुरोहितों का वर्चस्व था। इन परिस्थितियों में अध्यात्मवाद के अंतर्गत एक ब्रह्म की परिकल्पना का प्रतिपादन हुआ। एक ब्रह्म की यह अवधारणा मूलत: वेदों में वर्णित प्रजापति, विश्वकर्मा, हिरण्यगर्भ और पुरूष सूक्त में जिसे पुरूष नाम से संबोधित कर, समस्त प्राकृतिक देवताओं के ऊपर एक देवता की मान्यता प्राप्त थी, उसे ही ब्रह्म कहा गया। इसी काल में प्रकृति की विभिन्नताओं के अंतर्गत पूजा, आराधना, कर्मकाण्ड आदि में पृथ्वी पर जीवन का उद्देश्य और उसके अर्थ खोजे जाने लगे। जिसने

मनुष्यों को प्रकृति से विमुख कर अध्यात्म की तरफ मोड दिया। यहीं से अध्यात्मवाद एक सशक्त विचारधारा के रूप में उभरा, जिसके अंतर्गत आत्मा-परमात्मा, मोक्ष, स्वर्ग-नरक, पुनर्जन्म आदि की कल्पना में जीवन का उद्देश्य खोजा गया, जिसका विस्तृत उल्लेख उपनिषदों, पुराणों आदि में मिलता है। इन सबों का प्रत्यक्ष उद्देश्य एक था, मनुष्य को भटकने से रोकना तथा पृथ्वी पर व्यवस्थित जीवन के लिए प्रेरित करना। परन्तु इनका संबंध अप्रत्यक्ष जीवन से होने के कारण अध्यात्म का यह पक्ष अतिसंवेदनशील पहलू बन कर सामने आया, जिसके कारण यह अंधविश्वास और शोषण का पर्याय भी बन गया। अन्यथा स्वर्ग-नरक, पुनर्जन्म आदि का मूल पृथ्वी पर मनुष्य के प्रकृति के अनुकूल जीवन दर्शन में था। क्योंकि सृष्टि और प्रकृति एक ऊर्जा तंत्र के अंतर्गत क्रियाशील है, जिसमें मनुष्य की कोई भी क्रिया निरर्थक या निष्फल नहीं है अर्थात प्रत्येक क्रिया की प्रतिक्रिया निश्चित है, आधुनिक विज्ञान के अनुसार प्रत्येक क्रिया की प्रतिक्रिया उसके समान और विपरीत दिशा में होती है। जिससे तात्पर्य है, सृष्टि में मनुष्य के विचार और कर्म जिस प्रकार के होंगे उसी का उसे प्रतिफल समान मात्रा में विपरीत दिशा में प्रतिक्रिया के द्वारा प्राप्त होगा। सृष्टि तंत्र की चक्रीय अभिक्रियाओं के अंतर्गत इस प्रतिक्रिया का प्रत्यक्ष अनुभव और फल किस अवस्था में और कैसे प्राप्त होगा इसकी कोई निश्चित अवधि निर्धारित करना असंभव है। इसे साधारणतः समझाया भी नहीं जा सकता था। इसे ही अध्यात्म के अंतर्गत सरल भाषा में स्वर्ग-नरक, पुनर्जन्म और मोक्ष के द्वारा अभिव्यक्त किया गया। परन्तु इनमें अंतर्निहित मूल उद्देश्य का ज्ञान विलुप्त होने पर ये परम्परागत शोषण का माध्यम बन गए। वैदिक मनीषियों ने सृष्टि, प्रकृति ओर मानवीय कार्यप्रणाली का सूक्ष्म अध्ययन किया था, वे मनुष्य के मनोविज्ञान और सृष्टि के वैज्ञानिक पहलुओं के ज्ञाता थे। एतदर्थ मनुष्य जीवन के अप्रत्यक्ष पहलू, जिसका संबंध मृत्यु पश्चात जीवन और पुनर्जन्म की संभावनाओं से था, इस पर भी उन्होंने ध्यान दिया था, क्योंकि यह मनुष्य जीवन का संवेदनशील और मनोवैज्ञानिक पहलू था। अप्रत्यक्ष जीवन के भय से मुक्ति हेतु ही प्रकृति के घटकों

की आराधना के साथ उनके प्रति कृतज्ञता प्रदर्शित करना मनुष्य जीवन का अंग था, ताकि प्रकृति और प्रकृति के घटकों के प्रति अनजाने भी कोई ऐसा कार्य न हो, जिसका विपरीत प्रतिफल भोगना पडे। इसलिए वैदिक काल में स्वर्ग - नरक, पुनर्जन्मों का भय नहीं था। न ही मोक्ष की कोई कल्पना थी। अर्थात् पृथ्वी पर मनुष्य जीवन के दो पहलू प्रत्यक्ष और अप्रत्यक्ष का भय अवश्य था, जिसका हल प्रत्यक्ष जीवन में प्रकृति के अनुकूल जीवन दर्शन में देखा गया। प्रकृति के घटकों नदी, पहाड़, वन, पेड़-पौधे, जीव-जन्तु, आकाश, अग्नि, वायु तथा पृथ्वी आदि की आराधना के साथ दैनिक जीवन में उपयोगी कृषि, सोमरस निकालने में उपयोगी सिल बट्टे, युद्व में उपयोगी वाद्य यंत्र, बुद्धि तथा मन्यु (रोष) की भी वेदों में आराधना की गई है। अर्थात् दैनिक जीवन में उपयोगी प्रत्येक वस्तु के प्रति श्रद्वा और कृतज्ञता प्रदर्शित करना, यही मनुष्य का पृथ्वी पर धर्म है, जिसका प्रतिपादन सृष्टि के सूक्ष्म वैज्ञानिक ज्ञान के पश्चात हुआ।

वैदिक सभ्यता के ज्ञान का सार यही था कि पृथ्वी पर सहिष्णुता, सहअस्तित्व और सौहार्द की भावना ही मनुष्य का पृथ्वी पर धर्म और प्रकृति जन्य निर्धारित कार्य है। वैदिक सभ्यता के छिन्न-भिन्न हो जाने के पश्चात वैदिक परम्पराओं में अंतर्निहित ज्ञान विलुप्त हो गया, प्रकृति के घटकों के प्रति श्रद्धा - कृतज्ञता, तत्कालीन परिस्थितियों के साथ साम्यता न होने के कारण अंधविश्वास समझे जाने लगे। मनुष्यों में सहिष्णुता, सह अस्तित्व और सौहार्द की भावना जाग्रत करने हेतु ही अध्यात्मवाद का उदय हुआ, जिसका उद्देश्य भी एक ही था, परन्तु स्वर्ग-नरक, पुनर्जन्म, मोक्ष की अवधारणा समय के साथ प्रभावी होती गयी अर्थात् जीवन के अप्रत्यक्ष पहलू से सबंधित कर्मकाण्ड प्रमुख हो गये और प्रकृति जन्य धर्म गौण हो गया।

विदेशों में प्रकृति जन्य धर्म को पुर्नस्थापित करने के लिए, धर्म को एक ईश्वर की अध्यात्मिक सत्ता के साथ परिभाषित कर मनुष्यों को धर्म का एहसास कराया गया। परन्तु धर्म का अर्थ ईश्वरीय संगठन के

रूप में ग्रहण किया गया, अर्थात् प्रकृति जन्य धर्म अपने मूल में एक है, जो मनुष्य का प्रत्यक्ष धर्म है तथा अप्रत्यक्ष का भय और तत्सम्बन्धी स्वर्ग-नरक, पुनर्जन्म, मोक्ष आदि का संबंध अप्रत्यक्ष जीवन से होने के कारण यह मनुष्य जीवन का व्यक्तिगत पहलू है। वह इनके लिए स्वयं को किस प्रकार तैयार करता है, यह उसकी मानसिकता पर निर्भर करता है।

पृथ्वी पर धर्म और अध्यात्म का मूल उद्देश्य एक है। परन्तु अध्यात्म का संबंध व्यक्तिगत जीवन से होने के कारण यह धर्म से अलग व्यक्तिगत जीवन का अंग है। क्योंकि सृष्टितंत्र के अंतर्गत सृष्टि के कार्य एक चक्रीय रूप में अभिव्यक्त होते हैं। मनुष्य के मानसिक विचार शब्द और कार्य ऊर्जा का पर्याय होने के कारण अविनाशी हैं, जो सृष्टि तंत्र के अंतर्गत कभी भी अपना प्रभाव उत्पन्न कर सक्रिय हो सकते हैं। कुरआन और बाईबल में इसे ही यह कह कर अभिव्यक्त किया गया है कि जिस प्रकार सूखे हुए खेत में बारीश के साथ पुनः फसल लहलहाती है, उसी प्रकार तुम्हें भी उठाया जाएगा और तुम्हारे कार्यों के अनुसार तुम्हें फल मिलेगा। जिसे सांकेतिक भाषा में स्वर्ग-नरक के द्वारा समझाया गया है। जिसमें अन्य कोई भागीदार या सहायक नहीं है। अर्थात् मनुष्य के कर्म व्यक्तिगत हैं, जिसका फल उसे स्वयं ही भोगना है। इसे ही महात्मा गौतम बुद्ध ने संस्कारों के पुनर्जन्म के माध्यम से अभिव्यक्त किया।

पृथ्वी पर जन्म और मृत्यु का चक्र प्रकृति का अटल नियम है, प्रकृति एक परिस्थितिकी तंत्र के अंतर्गत चक्रीय रूप में अपनी क्रियाओं को अभिव्यक्त करती है। इस परिस्थितिकी तंत्र के अंतर्गत जीवित और अजीवित घटकों में साम्यता और संतुलन ही परिस्थितिकी तंत्र और पृथ्वी पर जीवन का आधार है। एतदर्थ पृथ्वी पर बुद्धिजीवी प्राणी होने के कारण प्रकृति के घटकों में साम्यता और संतुलन कायम रखना मनुष्य का प्रत्यक्ष धर्म है, ताकि पृथ्वी पर जीवन की प्रक्रिया चलती रहे।

प्रकृति जिस प्रकार से चक्रीय रूप में अपनी क्रियाओं को अभिव्यक्त करती है और प्रकृति के पदार्थ चक्रीय रूप में जीवित से अजीवित तथा अजीवित से जीवित घटकों में स्थानान्तरित होते रहते है, उसी प्रकार सृष्टितंत्र जो एक बृहद ऊर्जा तंत्र है, उसमें ऊर्जा भी चक्रीय रूप में अभिव्यक्त होती है मनुष्य के विचार शब्द और कार्य ऊर्जा के अंतर्गत ही क्रियाशील होते हैं, अर्थात् विचार और शब्द भी ऊर्जा के पर्याय हैं, जो ऊर्जा तंत्र के अंतर्गत अविनाशी होने के कारण ऊर्जा तंत्र को प्रभावित करते हैं। जिसका अनुभव जीवित प्राणी ही कर सकते हैं, क्योकि उनमें भावनाएं और अनुभव करने की क्षमता होती है। उर्जा तंत्र मनुष्य जीवन का अप्रत्यक्ष पहलू है, जिसे अध्यात्मिक भाषा में स्वर्ग–नरक, पुनर्जन्म आदि के द्वारा अभिव्यक्त किया गया है। अर्थात् धर्म का संबंध परिस्थितिकी तंत्र से है और अध्यात्म का संबंध ऊर्जा तंत्र से है, जिसे संतो, महात्माओं और पैगम्बरों ने तत्कालीन परिस्थितियों के अनुसार परिभाषित कर पृथ्वी पर मनुष्य का मार्गदर्शन किया। ताकि मनुष्य के कार्य एक नैतिक सामाजिक सीमा के अंतर्गत हो। ईश्वरीय अंकुश के अंतर्गत धर्म और अध्यात्म के एकीकरण के कारण कालान्तर में धर्म संगठन का पर्याय हो गए, जो अध्यात्म की विभिन्न विचारधाराओं के कारण असंवेदनशीलता और असहिष्णुता का कारण है। जबकि सहिष्णुता और सह अस्तित्व की भावना के साथ अपने कर्त्तव्यों का पालन धर्म है। जो सबके लिए एक है। धर्म अर्थात् प्रकृति के अंतर्गत विहीत कार्य को सम्पन्न करना मनुष्य का धर्म है, धर्म किसी वर्ग विशेष का पर्याय नहीं है।

5

भारतीय संस्कृति में अध्यात्मवाद का उदय

अध्यात्मवाद, सृष्टि तंत्र के अंतर्गत जीवन जीने का एक दर्शन है। पृथ्वी पर मनुष्य के आविर्भाव और बौद्धिक विकास के साथ पृथ्वी पर जीवन का उद्देश्य खोजना मानवीय स्वभाव है। सांसारिक जीवन के अंतर्गत सुख और दुःख का अनुभव मानवीय श्रेष्ठता का प्रतीक है, क्योंकि मनुष्य में बुद्धि का विकास अपने चरमोत्कर्ष पर दृष्टिगोचर होता है। मनुष्य अपनी बुद्धि ओर सांसारिक ज्ञान के आधार पर ही तात्विक विश्लेषण के द्वारा सांसारिक समस्याओं के समाधान भी खोजने का प्रयत्न करता है। सृष्टि और प्रकृति के रहस्य की खोज का यह सिलसिला अनवरत जारी रहता है, जो पृथ्वी पर मनुष्य सभ्यता के विकास के साथ प्रारंभ होकर सभ्यता के चरमोत्कर्ष पर पहुँचने तक चलता रहता है। वैदिक कालीन सभ्यता, एसी ही एक सभ्यता थी, जो अपनी उन्नति के चरमोत्कर्ष पर पहुँचने के पश्चात कालकलवित हो गई। अध्यात्मवाद में इसी सभ्यता के ज्ञान की झलक दिखाई देती है, जिसका आधार सृष्टि का सूक्ष्म ज्ञान था। वैदिक सभ्यता के पश्चात योग मार्ग के द्वारा इस ज्ञान का अनुभव ही इस ज्ञान तक पहुँचने का साधन था। तत्वज्ञानियों, महर्षियों ओर मनीषियों ने अपने यौगिक अनुभवों के द्वारा समय समय पर इसका तात्विक एवं तार्किक विश्लेषण कर मनुष्यों का सही मार्गदर्शन करने का प्रयत्न किया, इसका विस्तृत विश्लेषण उपनिषदों तथा भारतीय संस्कृति में मान्य षढ दर्शन पद्धति में परिलक्षित होता है। जो अध्यात्मिक विचारधारा के क्रमिक विकास की तरफ संकेत करते हैं।

दर्शन शास्त्र के अंतर्गत भारतीय दर्शन का अपना महत्व है, जिसके अंतर्गत महर्षि जैमिनी की पूर्व मीमांसा, महर्षि बादरायण की उत्तरमीमांसा, महर्षि कपिल का सांख्य दर्शन, महर्षि पांतजलि का योग दर्शन, महर्षि गौतम का न्याय एवं महर्षि कणाद का वैशेषिक दर्शन प्रमुख हैं। इन दर्शन पद्धतियों का आधार वैदिक ज्ञान है, अतः इन्हें आस्तिक तथा अन्य दर्शन पद्धतियाँ जो वेद प्रमाण को स्वीकार नहीं करती हैं, उन्हें सामान्यतः नास्तिक दर्शन कहा जाता है। सभी दर्शन पद्धतियाँ मूल रूप में वेदों से प्रभावित रहीं क्योंकि भारतीय संस्कृति मूलतः वैदिक सभ्यता का परिवर्तित रूप है। वैदिक सभ्यता एक ऐसी सभ्यता थी जिसमें अपने लौकिक ज्ञान के आघार पर प्रकृति के साथ तादात्म्य स्थापित किया था, जो सृष्टि और प्रकृति का रहस्य ज्ञात होने के पश्चात ही संभव है इस ज्ञान के आधार पर वैदिक काल में प्रचलित विधि विधान यज्ञीय कर्म काण्ड, प्रकृति तथा प्रकृति के घटकों की आराधना, वैदिक काल के पश्चात परम्पराओं के रूप में परिवर्तित हो गई। ब्राह्मण काल, जिसका समय वैदिक काल के पश्चात करीबन एक हजार वर्ष माना जाता है इस काल में वैदिक ज्ञान तथा यज्ञ-यागादि के विधि विधानों की विस्तृत व्याख्या का समावेष ब्राह्मण ग्रंथों में किया गया, यज्ञ-यागादि की विधियाँ अत्यंत सूक्ष्म और क्लिष्ट होने के कारण इनके अर्थ और रहस्य पुरोहित वर्ग तक सीमित थे। यज्ञीय कर्म काण्ड का वैज्ञानिक ज्ञान लुप्त होने के साथ यज्ञीय कर्मकाण्ड का विरोध भी प्रारंभ हो गया। इसके साथ ही वेदों को अपौरूषेय प्रतिपादित करते हुए वेद विहीत कर्मों पर अधिक जोर दिया गया, इस काल को पूर्व मीमांसा काल कहा जाता है इस काल में वेदों में वर्णित प्राकृतिक देवताओं का प्रमुख स्थान था। पूर्व मीमांसा के अर्तगंत महर्षि जैमिनी के सूत्रों का विस्तृत उल्लेख माधव रचित ''न्यायमाला विस्तार'' में विस्तृत रूप मे मिलता है। जिसमें बारह खण्ड हैं। इन खण्डों में यज्ञ-यागादि के विधि विधान तथा वेद निर्देशित कर्मों का उल्लेख है। पूर्व मीमांसा का प्रारंभ ''अथतो धर्म जिज्ञासा'' अर्थात अपने धर्म - कर्त्तव्य कर्मों के ज्ञान की जिज्ञासा से होता है। जैमिनी सूत्रों में हमें सर्वप्रथम मनुष्य के सांसारिक दुःखों का कारण

कर्मफलवाद में परिलक्षित होता है। जिसके अंतर्गत आत्मा के अस्तित्व को स्वीकार किया गया है। जिसका हल कर्त्तव्य कर्मों का सत्य निष्ठ से पालनमें परिलक्षित होता है। प्राकृतिक देवताओं की प्रमुखता तथा कर्मफलवाद के अंतर्गत शब्द और विचारों के संबंध का उल्लेख होने से कहा जा सकता है कि वैदिक काल के पश्चात मानवीय जिज्ञासा तथा सांसारिक दु:खों का समाधान वेद निर्देशित कर्मों में देखा गया। अर्थात पूर्व मीमांसा का सीधा सम्बन्ध वैदिक सभ्यता के ज्ञान से था।

"उत्तर मीमांसा" जिसका उल्लेख महर्षि बादरायण, जिन्हें कृष्ण द्वेपायन व्यास भी कहा जाता है के "ब्रह्म सूत्र" में मिलता है जिसका प्रारंभ "अथतो ब्रहम् जिज्ञासा" अर्थात अब ब्रह्म को जाने से होता है। ब्रह्म सूत्र का संबंध वेदों के ज्ञान खण्ड से है, जिसे 'वेदान्त' कहा जाता है। यदि कहा जाए कि संसार का सूक्ष्म दर्शन शास्त्रिय विवेचन यहाँ से प्रारंभ हुआ तो अतिशयोक्ति नही होगी। इस काल में ही उपनिषदों के अंतर्गत स्पष्टत: एक ब्रह्म की सत्ता के अंतर्गत ईश्वरीय परिकल्पना के दर्शन होते हैं वहीं आत्मा-परमात्मा की परिकल्पना सामने आती है। उपनिषदों का मुख्य प्रतिपाद्य विषय आत्मा-परमात्मा की एक्यता सिद्ध करना तथा यज्ञीय कर्मकाण्ड का विरोध था। उपनषिदों के सिद्धान्त मूलत: वैदिक ज्ञान पर आधारित थे। वेदों में जिसे विश्वकर्मा, प्रजापति, हिरण्यगर्भ और पुरूष सूक्त में पुरूष जिसे कहा गया था, उसे ही यहाँ ब्रह्म या विश्वात्मा कहा गया तथा पुरूष सूक्त में वर्णित मनुष्य शरीर और ब्रह्माण्ड की एकता को आत्मा - परमात्मा की एकता के रूप में ग्रहण किया गया। पूर्व मीमांसा के अंतर्गत प्रतिपादित कर्मफलवाद को यहाँ पुर्नजन्म तथा स्वर्ग नरक आदि के द्वारा अभिव्यक्त किया गया वहीं पुनर्जन्म से मुक्ति हेतु ब्रह्म का साक्षात्कार तथा मोक्ष में इसका समाधान खोजा गया।

पूर्व मीमांसा में वेद विहीत कर्त्तव्यों के साथ प्रकृति के साथ तादात्म्य प्रमुख उद्देश्य था, कालान्तर में प्रकृति के विभिन्न घटकों की आराधना को बहुदेववाद के रूप में ग्रहण किया गया, क्योंकि प्राकृतिक संसाधनों की इस काल में प्रचुरता के कारण प्रकृति के साथ तादात्म्य का

महत्व मानवीय बुद्धि से बहुत दूर था। सामान्यतः इसे अंधविश्वास की श्रेणी में ही माना गया, अतः वेदों में जिस मौलिक ऊर्जा से सृष्टि निर्माण की प्रक्रिया का वर्णन था, जिसे समस्त प्राकृतिक देवताओं के ऊपर एक देवता की मान्यता प्राप्त थी, उसे ही एक ब्रह्म की सत्ता के रूप में प्रतिपादित किया गया। यहीं से आत्मा-परमात्मा का तात्विक विश्लेषण प्रारंभ हुआ अर्थात दर्शन शास्त्र की भाषा में इसे अध्यात्मवाद का प्रादुर्भाव कहा जा सकता है। जिसका तार्किक और तात्विक विवेचन और विश्लेषण न्याय तथा वैशेषिक दर्शन पद्धतियों में मिलता है। महर्षि कपिल ने सांख्य दर्शन में पुरूष और प्रकृति के माध्यम से इसका तात्विक विश्लेषण कर इसे उच्च आयाम प्रदान किया तथा महर्षि पांतजलि ने योग मार्ग के द्वारा आत्मा-परमात्मा की अनुभूति का मार्ग प्रशस्त किया। ये सभी दर्शन मूलतः वेदों से प्रेरित तथा वेद प्रमाण को स्वीकार करते थे। षढ दर्शन के अंतर्गत यह ध्यान देने योग्य है कि पूर्व मीमांसा में सर्व प्रथम आत्मा के अस्तित्व को स्वीकार किया गया तथा उत्तर मीमांसा में आत्मा के साथ ब्रह्म की सत्ता का प्रतिपादित किया गया अर्थात समस्त दार्शनिक विवेचन आत्मा-परमात्मा की स्वीकारोक्ति के साथ उनके स्वरूप, सगुण निर्गुण ब्रह्म, कार्य कारण का प्रभाव, परा-अपरा विद्या तथा माया के मायाजाल के अंतर्गत तार्किक और तात्विक विवेचन तथा विश्लेषण का कारण बना। जिसके कारण भारतीय संस्कृति में अनेक अध्यात्मिक मत और पंथ विकसित हुए, पुनर्जन्म, स्वर्ग-नरक तथा मोक्ष की विभिन्न विचार धाराएं विकसित हुई। इन विचार धाराओं के खण्डन-मण्डन एक सीमित दायरे में ही होते थे तथा सभी वेदों को एक मत से अपौरूषेय मानते हुए वेदोक्त प्रमाणों को स्वीकार करते थे। अतः समाज में कोई अंतर्विरोध उत्पन्न नहीं हुआ वरन् मनुष्य अपने मानसिक स्तर के अनुसार इनका विश्लेषण और विवेचन करने के साथ इन पर विश्वास करने या न करने के लिए स्वतंत्र था। जिसके कारण एक ही परिवार में विभिन्न मान्यता वाले व्यक्ति भी थे। परन्तु परिवारों का विखण्डन नहीं होता था। क्योंकि वैदिक संस्कृति के मूल में प्रकृति के साथ तादात्म्य तथा सहिष्णुता और सहअस्तित्व की भावना प्रमुख थी जो

कभी भी भारतीय संस्कृति से विलग नहीं हुई, वरन् समय के साथ वेद विरोधी मत चार्वाक, जैन तथा बौद्ध मत भी भारतीय संस्कृति में आत्मसात हो गए। अर्थात सभी मत पंथ और विचारधाराएं साथ साथ चलती रहीं, यहाँ तक कि ''धर्म सूत्र'' जो मनुष्य के कर्त्तव्यों कर्मों का प्रतिपादन करते थे, उनके अंतर्गत भी अध्यात्म को संरक्षित और प्रोत्साहित किया गया। और आत्मा - परमात्मा के अस्तित्व को भी स्वीकार किया गया। यही कारण है कि यज्ञीय कर्मकाण्ड और यज्ञ - यागादि का विरोध होने के बावजूद एक वर्ग हमेशा ही इसे पोषित करता रहा। परन्तु धर्म - कर्त्तव्य को अध्यात्म के साथ संयुक्त करने से धर्म-कर्त्तव्य की अवधारणा को भिन्न भिन्न रूप में ग्रहण किया जाने लगा। अध्यात्मवादी असंख्य विचारधाराओं, मत-मतान्तरों और अंतर विरोधों के बावजूद सब का एक साथ पोषित होते रहना, विश्व के लिए आश्चर्य की बात हो सकती है परन्तु इन सभी के मूल में एक मूलभूत सत्य होने के कारण ही अन्तर विरोध भी आत्मसात हो गये।

वैदिक सभ्यता के ज्ञान का मूलभूत सत्य प्रकृति के साथ तादात्म्य और कर्मफलवाद में समाहित है। इसी के अंतर्गत प्रकृति के प्रत्येक घटक की आराधना और उसके प्रति सौहार्द की भावना परिलक्षित होती है। कालान्तर में प्रकृति के घटकों की पूजा को अंध विश्वास ओर बहुदेववाद के रूप में ग्रहण करने के कारण वेदों में जिस एक मौलिक ऊर्जा से सृष्टि और प्रकृति के घटकों की उत्पत्ति बताई गई थी, जिसे वेदो में हिरण्यगर्भ, विश्वकर्मा, प्रजापति तथा पुरूष कहा गया था, इसे ही समस्त प्राकृतिक देवताओं के उपर एक देवता भी कहा गया था, इसे ही अध्यात्मवादी दर्शनों के अंतर्गत एक ब्रह्म के रूप में प्रतिपादित किया गया। पुरूष सूक्त में वर्णित मनुष्य शरीर और ब्रह्माण्ड की समानता को ही आत्मा और परमात्मा की एकता के रूप में ग्रहण किया गया क्योंकि जिस सिद्धान्त पर सृष्टि क्रियाशील है, उसी सिद्धान्त पर मनुष्य शरीर क्रियाशील है।

संसार में सांसारिक विभिन्नताओं के अंतर्गत मनुष्य के दुःखों का कारण उसके अपने कर्म हैं। मनुष्य का कोई भी कर्म हो अच्छा या बुरा उसका फल उसे स्वयं ही भोगना है क्योंकि विचार और शब्द की मौलिक ऊर्जा के साथ साम्यता के कारण ये अविनाशी है तथा सृष्टि तंत्र के अंतर्गत कभी भी अपना प्रभाव उत्पन्न कर सकते हैं, इसे ही कर्मफलवाद कहा गया, जो कार्य-कारण और उसके प्रभाव का जनक है। आधुनिक विज्ञान के ऊर्जा संबंधी सिद्धान्त के द्वारा भी इसकी पुष्टि होती है कि ऊर्जा न तो नष्ट होती है और न ही इसे उत्पन्न किया जा सकता है। एक और सर्वमान्य वैज्ञानिक सिद्धान्त है कि प्रत्येक क्रिया की प्रतिक्रिया समान और विपरीत दिशा में होती है। इसी में वैदिक ज्ञान का वैज्ञानिक सार है। शब्द को अक्षर कहते हुए इसकी तुलना अक्षर ब्रह्म से की गई है। मानसिक विचार और शब्दों के महत्व पर ऋग्वेद के दशम मण्डल के अंतिम सूक्त में व्यक्त किया गया है।

संसमिद्युवसे वृषन्नग्ने विश्वान्यर्य आ।
इळस्पदे समिध्यसे स नो वसून्या भर।।

- ऋ. 10.191.1

हे प्रकाशमान अग्नि तो विश्व के समस्त पदार्थों को मिलाता है। तू प्राणी के परम पद के द्वारा प्रकाशित होता है। तू हमें घन्य घान्य से पूर्ण कर।

इस ऋचा में ऊर्जा के द्वारा विश्व की एकता की ओर संकेत करते हुए, यह अभिव्यक्त किया गया है कि वह वाणी के परम पद अर्थात अक्षर ब्रह्म के रूप में प्रकाशित होता है। यहाँ वाणी - शब्दों के नष्ट न होने की तरफ संकेत है, जिसका जन जीवन पर व्यापक प्रभाव होता है, इसके महत्व को देखते हुए अगली ऋचाओं में पृथ्वी पर मनुष्यों के परस्पर सहयोग और आदर्श जीवन हेतु समान मन, विचार और समान हृदय के साथ एक होकर चलने की कामना की गई है ताकि सभी एक समान उद्देश्य के साथ प्रसन्नतापूर्वक रहें।

सं गच्छहवं सं वदध्वं सं वो मनांसि जानताम्।
देवा भागं यथा पूर्वे संज्ञानाना उपासते।।

– ऋ. 10.191. 2

हे मनुष्यों, जैसे सनातन से विद्यमान सूर्य चन्द्र आदि देव अपने कार्यों को करते हैं, ऐसे ही तुम भी परस्पर मिलकर चलो तुम्हारे मन और शब्द समान है।

समानो मन्त्रः समितिः समानी समानं मनः सह चित्तमेषाम्।
समानं मंत्रमभि मन्त्रये वः समानेन वो हविषा जुहोमि।।

– ऋ. 10. 191. 3

यह स्थान एक है, यह समूह एक है सबका मन एक है उसी प्रकार सबके विचार समान हो। एक समान अन्न से सब पोषित होते हैं सबका उद्देश्य भी समान है।

समानी व आकूतिः समाना हृदयानि वः।
समानमस्तु वो मनो यथा वः सुसहासति।।

– ऋ. 10. 191. 4

हे मनुष्य तुम्हारे संकल्प समान हो, तुम्हारे हृदय परस्पर मिले हुए हों, तुम्हारे मन समान हो जिसमें तुम लोग परस्पर मिल कर रहो।

ऋग्वेद के इस अंतिम सूक्त में पृथ्वी को एक स्थान निरूपित करते हुए पृथ्वी के जन समुदाय को एक समूह कहा गया है, जिस प्रकार हवा, पानी, आकाश, सूर्य आदि की कोई सीमाएं नहीं है उसी प्रकार शब्द और विचारों की भी कोई सीमाएं नहीं है, शब्द और विचार अविनाशी ऊर्जा है, आकाश उसका स्थान है, यह ऊर्जा बिना अवरोध के सर्वत्र व्याप्त हो जाती है। अविनाशी होने के कारण यह ऊर्जा सनातन रूप से व्योम में उपस्थित रह कर पृथ्वी पर जन जीवन को उसके मानसिक स्तर के अनुरूप विचारों की आवृत्ति के अनुसार प्रभावित करती है। इन शब्दों और विचारों को अच्छे और बुरे दो प्रकारों में विभक्त किया जा सकता

है। अच्छे विचार अच्छे कार्यों के लिए प्रेरित करते हैं तथा बुरे विचार निकृष्ट कार्यों के लिए प्रेरित करते हैं। इसमें मनुष्य के वर्तमान सोच-विचार और कार्यों का महत्व पूर्ण योगदान होता है अर्थात ससार में जो सांसारिक विभिन्नताएं हैं, जिसके कारण मनुष्य सुख दुःख का अनुभव करता है यह उसके विचारों और कर्मों का प्रतिफल है क्योंकि यह वैज्ञानिक तथ्य है कि प्रत्येक क्रिया की अभिक्रिया समान और विपरीत दिशा में होती है। वेदों में मनुष्यों के इन दुःखों से निवृत्ति हेतु अच्छे विचार, प्रकृति के प्रत्येक घटक के साथ सौहार्द और सद्भावना में इसका समाधान खोजा गया, इसलिए वेदों में प्रकृति, प्रकृति के घटकों और दैनिक जीवन में उपयोगी प्रत्येक वस्तु की आराधना की गई ताकि अनजाने में भी कोई ऐसा कार्य न हो जिसका प्रतिफल भोगना पड़े। वैदिक काल के पश्चात इसे ही दर्शन शास्त्र की भाषा में कर्मफलवाद कार्य-कारण के प्रभाव, उपनिषदों में पुनर्जन्म तथा सांसारिक विचारों से निवृति को मोक्ष तथा इन विचारों से प्रभावित होकर जो सुख दुःख की अनुभूति होती है उसे ही स्वर्ग और नरक के द्वारा अभिव्यक्त किया गया जिसकी पुराणों में व्यापक रूप से व्याख्या की गई। शब्द और विचारों के अविनाशी सिद्धान्त को ही बौद्ध मत में संस्कारों के पुनर्जन्म के माध्यम से अभिव्यक्त किया गया तथा जैन मत में स्यादवाद और अनेकान्तवाद के माध्यम से अभिव्यक्त किया गया।

शब्द विचार और कर्मों के प्रतिफल सृष्टि तंत्र के अंतर्गत कब कैसे प्राप्त होंगे इसका समय निर्धारित करना संभव नहीं है, लेकिन मनुष्य जीवन में सुख दुःख की अनुभूति जीवन का अहम् भाग है। जो उसके स्वयं के कर्मों का प्रतिफल है। कर्मों के प्रतिफल को कुरआन में कयामत के माध्यम से, बाइबल में स्वर्ग और नरक के माध्यम से तथा जेन्द अवेस्ता में अच्छी और बुरी शक्तियों, जो अच्छे और बुरे कार्यों के लिए प्रेरित करती हैं, जो स्वर्ग-नरक का कारण है, के द्वारा अभिव्यक्त किया गया है। अर्थात भारतीय षढ़दर्शन हो या अन्य धार्मिक दर्शन सभी एक मत से शब्द विचार और कर्मों के प्रतिफल को अपरिहार्य निरूपित करते हैं।

भारतीय संस्कृति में षढदर्शन जो वेदों को प्रमाण मानते हैं या अन्य दर्शन जो वेदों को प्रमाण के रूप में नहीं मानते हैं, सभी का उद्देश्य एक ही था कि मनुष्यों को सद्कार्यों ओर सदविचारों के लिए प्रेरित किया जाए। समस्त मत, पंथों और सम्प्रदायों में एक ही मूलभूत सत्य की अभिव्यक्ति होने के कारण ही भारत में समस्त मत, पंथ, सम्प्रदाय साथ-साथ चलते रहे। मनुष्य प्रकृति के अंतर्गत अपने कर्त्तव्यों का पालन करता है या जगत को ब्रह्म की अभिव्यक्ति मानते हुए, जैसा कि उपनिषदों में कहा गया 'सर्वं खल्विदं ब्रह्म' सारा जगत ब्रह्म मय है। अथवा एक ब्रह्म "एकोऽब्रह्म द्वितीयो नास्ति" एक ईश्वर है, दूसरा नहीं के अंतर्गत अपने कर्त्तव्यों का पालन करता है, यह मनुष्य के गुण, कर्म और स्वभाव पर निर्भर है, जो मनुष्य के संस्कारों पर अवलम्बित है, इन अध्यात्मिक विचारों का स्त्रोत वैदिक ज्ञान ही है, जो अपने मूल में पृथ्वी पर जीवन की अभिव्यक्ति को प्रकृति के अंतर्गत प्राकृतिक अभिक्रिया तथा पृथ्वी पर जीवन की निरंतरता के लिए, प्रकृति के साथ साम्यता और तादात्म्य के लिए प्रेरित करते हैं। परन्तु परम्पराओं, रीति-रिवाजों और कर्मकाण्डों पर अधिक ध्यान केन्द्रित करने के कारण मूलभूत सत्य स्वार्थ से आच्छादित हो गया। अन्यथा प्रकृति को संरक्षित रखते हुए प्रकृति के अनुकूल जीवन निर्वाह करना मनुष्य का कर्त्तव्य- धर्म है। अन्यथा प्रकृति के घटकों में असंतुलन उत्पन्न होने पर प्राकृतिक प्रकोप निश्चित है, जो अपनी चरम अवस्था में जल प्रलय अथवा हिमयुग के रूप में परिलक्षित होता है। जिसकी तरफ अध्यात्मिक और धार्मिक ग्रंथों में संकेत किया गया है। वर्तमान में वैज्ञानिकों ने "ओजोन परत" के क्षरण और 'ग्रीन हाउस' प्रभाव के कारण पृथ्वी के तापक्रम में वृद्धि के फलस्वरूप जलवायु में हो रहे परिवर्तनों की तरफ ध्यान आकर्षित किया है। जिसके फलस्वरूप पृथ्वी पर जीवन के लिए संकट उत्पन्न हो गया है। यदि पृथ्वी के तापक्रम में वृद्धि इसी प्रकार जारी रही तो पहाड़ों की बर्फ पिघलने से पृथ्वी पर जल प्रलय या हिम युग आ सकता है। अर्थात अध्यात्मिक और धार्मिक ग्रंथ तथा आधुनिक विज्ञान एक ही संकट की तरफ ध्यान आकर्षित कर रहे हैं। आवश्यकता सिर्फ इस बात की है कि

हम इन्हें पूर्वाग्रह छोड कर सही परिप्रेक्ष्य में ग्रहण करें अन्यथा आधुनिक विज्ञान प्रकृति के घटकों में संतुलन कायम रखने में असमर्थ है और दूसरी तरफ प्रकृति के अटल नियम है, जिनके अंतर्गत प्रकृति के समस्त घटकों के साथ तादात्म्य में पृथ्वी पर जीवन का आधार तथा प्रकृति के अंतर्गत आदर्श जीवन की कुंजी है।

6

अध्यात्मवाद का विकास

धर्म और अध्यात्म को एक दूसरे का पर्याय माना जाता है। इनकी आवश्यकता और उत्पत्ति पृथ्वी पर कैसे, किन परिस्थितियों में हुई होगी, यह एक जटिल शोध का विषय हैं। क्योंकि धर्म और अध्यात्म के नाम पर इतने मत-मतान्तर हैं कि साधारण मानव की बुद्धि से सत्य दूर चला गया है। उसके लिए धर्मों के प्रतीक और परम्परागत रूढियां ही धर्म हैं। विज्ञान जगत की भौतिक उन्नति के साथ यह विश्वास उत्पन्न हुआ था कि धर्म और अध्यात्म आस्था और विश्वास पर आधारित हैं। इनसे सम्बन्धित रूढियाँ और अन्धविश्वास शिक्षा और समय के साथ स्वत: ही दूर हो जाएंगे और वैज्ञानिक उन्नति मनुष्य मात्र को एकसूत्र में बाँधन कत मे देखा जाए तो धर्म का सम्बन्ध प्रकृति के अन्तर्गत प्रकृति के अनुकूल विहीत कर्त्तव्यों से था, प्रकृति की श्रेष्ठता का ज्ञान विलुप्त होने पर प्रत्येक करने योग्य कर्म को धर्म की परिधि मे परिभाषित किया गया, परन्तु प्रकृति के अनसुलझे रहस्यों के तार्किक उत्तर न मिलने के कारण ईश्वर वादी मान्यताएं जीवन का अंग हो गई। तत्सम्बन्धी कर्म काण्डों को भी धर्म मानने से धर्म का मूल अर्थ ही बदल गया, कालान्तर मे धर्म और अध्यात्म को एक ही परिप्रेक्ष्य मे ग्रहण किया जाने लगा।

वैदिक संस्कृति मे प्रकृति के अन्तर्गत प्रकृतिमय जीवन की प्रधानता थी, जो प्रकृति के साथ तादात्म्य का द्योतक था, इसे ही सनातन धर्म कहा गया है। कालान्तर मे इसे ही अध्यात्मिक सर्वेश्वरवाद के अन्तर्गत बहुदेववाद मान लिया गया, अध्यात्मवाद के विकास के साथ धर्म को अध्यात्म के साथ जोड कर देखा जाने लगा। आज जिन

भिन्न-भिन्न अध्यात्मिक पंथो को धर्म कहा जा रहा है, वे इसी सनातन धर्म के भिन्न-भिन्न रूप है, क्योकि विभिन्न धर्म ग्रंथो मे अन्तर्निहित अध्यात्मिक सत्य और उसके अनुभव मे अद्‌भूत समानता परिलक्षित होती है।

मनुष्य स्वभाव से अपरोक्ष अव्यक्त शक्तियो में सदियों से विश्वास करता आया है कि इस दृश्य जगत से ऊपर भी कोई शक्ति है, इसी अदृश्य, अव्यक्त रहस्यमयी शक्ति को ईश्वर का नाम दिया गया। सृष्टि के विकास के प्रारम्भ में प्रकृति की विभिन्न शक्तियों को देवता कहा गया है, इसके प्रमाण, ऋग्वेद में उपलब्ध हैं, जिसे संसार में मानव सभ्यता का प्राचीनतम दस्तावेज माना जाता हैं, इसके साथ ही संसार के प्राचीन धर्म जिसमें युनानी, फारसी तथा शिंतो धर्म है, इन धर्म के ग्रन्थो में भी प्राकृतिक देवताओं का उल्लेख है अर्थात आदिकाल में सूर्य, चन्द्र, अग्नि, वायु, जल, धरती आदि को देवता का स्थान प्राप्त था। इसे दर्शनशास्त्र की भाषा में बहुदेववाद कहा जा सकता है। अर्थात, बहुदेववाद से सर्वेश्वरवाद और बाद में एकेश्वरवाद की अवधारणा अस्तित्व में आई।

ऋग्वेद में मूर्ति पूजा या मन्दिरों का वर्णन नही मिलता हैं। ऋग्वेद में वर्णित देवताओं को मुख्यतः तीन भागों में विभक्त किया जा सकता है, भू, वायुमंडल और अन्तरिक्ष। भू-पृथ्वी के देवता है- अग्नि, सोम और पृथ्वी। वायु मंडल के देवता है- विद्युत, वर्षा और वायु। अन्तरिक्ष के देवता हैं -आकाश, सूर्य और सूर्य से सम्बधित अभिक्रियाएं। इन वैदिक देवताओं का स्पष्टतः सम्बंध प्रकृति और प्राकृतिक अभिक्रियाओं से है। ऋग्वेद मे वर्णित देवताओ का मूर्त्त स्वरूप मानवीय है, यह प्रतिमा छायात्मक है, मानवीय अवयवों का उपयोग अलंकारिक रूप से क्रियाओं की अभिव्यक्ति हेतु किया गया है। इनकी आन्तरिक शक्ति का सम्बन्ध प्राकृतिक शक्तियों से स्पष्ट परिलक्षित होता है। ऋग्वेद में युगल देवता और समूह देवताओ का भी उल्लेख है। इससे यह तात्पर्य निकलता है कि वैदिक मनीषी इस तथ्य से भली-भाँति परिचित थे कि प्रकृति के

कार्यकलापों में प्राकृति की विभिन्न शक्तियाँ मिल कर कार्य करती हैं, यद्यपि प्रत्यक्ष में यह एक कारक का कार्य प्रतीत होता हैं। तदनुसार ऋग्वेद में जब किसी एक देवता की उपासना की जाती है, तो उसे ही सर्वोच्च माना जाता हैं। विभिन्न प्राकृतिक देवताओं की उपासना को ही पाश्चात्य दार्शनिकों ने बहुदेववाद की संज्ञा दी हैं।

ऋग्वेद में सृष्टि निर्माण को एक प्राकृतिक प्रक्रिया मानते हुए, यह प्रतिपादित किया गया कि सृष्टि का निर्माण इन प्राकृतिक देवताओं का सामूहिक कार्य हैं। परन्तु विकास के साथ वे इस निष्कर्ष पर पहुँचे कि सृष्टि निर्माण और पदार्थों के संयोजन में एक ही मौलिक ऊर्जा भाग लेती है, वैदिक परम्परानुसार इस मौलिक ऊर्जा की कल्पना पुरूष सूक्त मे की गई। इसे ही सब देवताओ के ऊपर एक देवता कहकर प्रतिपादित किया गया।

उत्तर वैदिक काल में ब्राह्मण ग्रन्थों की रचना हुई, इन ग्रन्थों में यज्ञ-यागादि का विस्तृत वर्णन तथा यज्ञ-अनुष्ठान और उनके सूक्ष्म रहस्यों का वर्णन मिलता है। अर्थात इस काल में जनता का सम्पूर्ण बौद्धिक व्यापार एवं कर्मकाण्ड यज्ञ पर आधारित हो गया, जिसमें पशु-बलि भी होती थी। धार्मिक कर्मकाण्ड में अति तथा पुरोहितों के वर्चस्व ने वेदों के ज्ञानकाण्ड की और आकर्षित किया। उपनिषदों को वेदान्त भी कहा जाता है, मूलतः इनमें यज्ञ-यागादि की निरर्थकता और अध्यात्म ज्ञान का महत्व प्रतिपादित है। अर्थात अध्यात्म के ऊपर आच्छादित धार्मिक कर्मकाण्ड के अन्धविश्वास पर से पर्दा हटाने का कार्य उपनिषदो ने किया। इन ग्रन्थों में जीव-ब्रह्म की एकता स्थापित करने के साथ ही अव्यक्त मौलिक ऊर्जा को सर्वव्यापक, सर्वशक्तिमान तथा अविनाशी प्रतिपादित किया गया। ऋग्वेद के पुरूष सूक्त में वर्णित परम् पुरूष के विकास की चरमावस्था उपनिषदों में परब्रह्म के रूप में विकसित हुई। ऐसा प्रतीत होता हैं कि यहीं से अध्यात्मवाद की गंगा प्रवाहित हुई।

समय के साथ, ऋग्वेद में वर्णित देवताओं के प्रतीकात्मक काल्पनिक स्वरूप ने देवताओं की प्रतिमा निर्मित करने के लिए सम्भवत: प्रेरित किया, तद्नुसार मंदिर निर्माण और मूर्ति पूजा का प्रचलन प्रारम्भ हुआ। उपनिषदों में वर्णित योग मार्ग के द्वारा ध्यान एवं स्व की अनुभूति हेतु प्रतीक का महत्व भी हैं, अतएव इसका कोई विरोध नही हुआ, वरन् अध्यात्मिक स्तर पर इसे प्रारम्भिक चरण के स्प में मान्यता प्राप्त हो गई। प्रतीकों के नाम-रूचि की अधिकता और उनमें विश्वास को लेकर जनता के मध्य उत्पन्न वैमनस्यता को दूर करने के लिए, ऋषि वेदव्यास ने पुराणों की रचना और देवताओं के स्वर्गिक संसार की रचना कर यह प्रतिपादित किया कि देव जगत के देवताओं में पूर्ण सामंजस्य और सौहार्द्र है। देवताओं का मानवीय स्वरूप में वर्णन तथा उनकी संतति सहित परिवार की कल्पना ने, जनसाधारण में देवताओं को लेकर फैली भ्रान्तियों और वैमनस्यता पर अंकुश लगाया गया, परन्तु बहुदेववाद और मूर्ति पूजा की परम्परा स्थापित हो गई। वेदों में देवताओं के स्वरूप का वर्णन प्रतीकात्मक रूप से मानवीय रूप में किया गया है। कुछ देवताओं की उत्पत्ति भी दूसरे देवताओं से बताई गई है, जिससे देवताओं की पीढियों का आभास होता है। मूलत: यह प्राकृतिक शक्ति से दूसरी प्राकृतिक शक्ति के विकास का संकेत था। इसे ही नया आयाम महर्षि वेदव्यास ने प्रदान किया और हर देवता की सर्वेश्वर के रूप में उपासना प्रतिपादित की। भारतीय ऋषियों और मनीषियों का यह ज्ञान की सम्पूर्ण सृष्टि ईश्वर का ही अवतरण है, अर्थात् जगत ईश्वरमय है, कोई किसी भी रूप में पूजा आराधना करें वह उसी एक परमेश्वर की उपासना है। इसे ही सर्वेश्वरवाद कहा जाता है। सर्वेश्वरवाद ही भारतीय अध्यात्म का मूल आधार है। मंत्र-तंत्र और मूर्ति पूजा के नाम पर जब-जब अंधविश्वास अपनी चरम सीमा पर पहुँचे हैं, तब-तब अध्यात्मवाद की नए ढंग से व्याख्या कर जनमानस को नई दिशा देने का प्रयास ऋषियों और मनीषियों द्वारा किया गया तथा देश, काल एवं परिस्थितियों के अनुसार अध्यात्मवाद को परिभाषित किया। संक्षेप में कहा जाए तो अध्यात्मवाद प्राकृतिक देवताओं की उपासना से प्रारम्भ होकर एक

सर्वोच्च देवता की उपासना तक पहुँचा, जिसकी अभिव्यक्ति ऋग्वेद के पुरूष सूक्त में होती है, इस अध्यात्म की ऊंचाइयां उपनिषदों में एक ब्रह्म अर्थात् एकेश्वरवाद के रूप में विकसित हुई। पुराणों में इसे ही सर्वेश्वरवाद के अन्तर्गत बहुदेववादी स्वरूप प्रदान किया गया और संसार के अन्य भागों में एकेश्वरवाद के रूप में पुनर्स्थापित किया गया।

संसार के सभी धर्म जिस अध्यात्मिक सत्य पर आधारित हैं, उसके संबंध में सभी धर्मशास्त्र एक मत से इस तथ्य को स्वीकार करते है कि परमेश्वर को आज तक किसी ने नहीं देखा और न ही उसे कोई देख सकेगा अर्थत् परमेश्वर को सिर्फ अनुभव ही किया जा सकता है। इससे यह भी तात्पर्य है कि परमेश्वर है और नहीं भी है, उसके अस्तित्व को स्व के अनुभव के आधार पर सिद्ध भी किया जा सकता है और स्व के अनुभव के आधार पर नकारा भी जा सकता है। इसका स्पष्ट प्रमाण भारतीय संस्कृति में दिखाई देता है। भगवान बुद्ध ने अनुभवातीत के प्रकाश को पाकर यह सिद्ध किया कि हम से अलग किसी परमेश्वर का अस्तित्व नहीं है, यह संसार सम्बन्धों का एक सिलसिला है, हम किसी ऐसी वस्तु को नहीं जानते, जो बिना सम्बन्ध के हैं, या हो सकती है। आत्मा के सम्बन्ध में उन्होंने प्रचलित धारणा को नकारते हुए कहा कि आत्मा तो विचारों का प्रवाह है, जो कुछ भी हम हैं, जो कुछ भी हमने सोचा है, यह उसका परिणाम है। यह संसार भी अनन्त प्रवाह है, इसमें कोई चीज स्थायी नहीं हैं। आत्मा के अस्तित्व को नकारते हुए उन्होंने यह प्रतिपादित किया कि संस्कार नष्ट नही होते, इन्हीं का पुर्नजन्म होता है। महात्मा गौतम बुद्ध के उपदेश तर्कसंगत और समयानुकूल थे, एतदर्थ उनकी शिक्षाएँ बौद्ध मत के निरीश्वरवादी दर्शन के अन्तर्गत शीघ्र ही भारत में और विदेशों मे फैल गई। बौद्ध मत मूलतः धर्म और अध्यात्म में तत्समय उत्पन्न विकृतियों और पाखण्ड का विरोधी मत था, जो उस समय की आवश्यकता थी। जब बौद्ध मत के निरीश्वरवादी दर्शन के अंतर्गत बुद्ध की नकारात्मक शिक्षाएँ महत्वपूर्ण और सकारात्मक शिक्षाएँ गौण हो गई, निरीश्वरवादी दर्शन के अन्तर्गत लोग स्वेच्छाचारी और अनैतिकता में लिप्त हो गए, लोग भीक्षु बन कर निर्वाण के लिए मठों

की ओर आकर्षित होने लगे। यही जीवन का नकारात्मक पहलू बौद्ध मत के विलुप्त होने का कारण बना। अर्थात प्रकृति जन्य धर्म गौण हो गया, ऐसे समय में आद्य शंकराचार्य ने 'ब्रह्म सत्य जगत मिथ्या' का उद्घोष किया, जिससे उनका तात्पर्य जीवन की अल्पकालिकता से था। अर्थात संसार की प्रत्येक वस्तु जो निर्मित हुई है, वह समय के साथ विनाश को प्राप्त होगी परन्तु ब्रह्म (आधारभूत मौलिक ऊर्जा) जिसकी शक्ति से सृष्टि और जीव जगत का निर्माण हुआ है, वह अनादि अनन्त है, इसे उन्होने 'एकोऽब्रह्म द्वितीयोनास्ति' अर्थात एक ब्रह्म जिसकी शक्ति से सृष्टि निर्मित हुई है वह एक ही सनातन सत्य है। इस प्रकार जगत गुरू आद्य शंकराचार्य ने ब्रह्म के अद्वैत मत को पुनर्स्थापित किया। भगवान बुद्ध और जगत गुरू आदि शंकराचार्य के तर्क स्व की अनुभूति और अनुभवातीत के प्रकाश से आलोकित थे। उन्होने एक ही सत्य को तत्कालिन परिस्थितियों के अनुसार भिन्न-भिन्न रूपों मे व्यवहारिक तर्कों के आधार पर सिद्ध किया। दोनों का ही उद्देश्य भरतीय संस्कृति मे आ गई तत्कालीन विकृतियों और अंध विश्वासों को दूर कर मनुष्यों को उनके प्रकृति जन्य धर्म (नैतिक कर्त्तव्यो) का अहसास कराना था।

7

विश्व गुरु - भारत

विगत् 50 वर्षों की संसदीय प्रजातान्त्रिक प्रणाली की यात्रा के अन्तर्गत संविधान की समीक्षा एक महत्वपूर्ण मुद्दा है। संविधान समीक्षा के परिप्रेक्ष्य में परिस्थितियों का आकलन करें तो यह प्रतीत होता है कि भारत के तथाकथित धार्मिक विभाजन और धर्म को सही परिप्रेक्ष्य में ग्रहण न करने के कारण हम लक्ष्य से भटक गए हैं। अन्यथा कोई कारण नहीं है कि जो देश विश्व गुरु रहा, जहां से धर्म और अध्यात्म की गंगा प्रवाहित हुई, वह स्वतन्त्रता के पश्चात् अपनी गरिमा को प्राप्त न कर सके। इस सन्दर्भ में यह एक महत्वपूर्ण तथ्य है कि धर्म और अध्यात्म जीवन के दो भिन्न-भिन्न पहलू हैं, धर्म पृथ्वी पर जीवन का प्रत्यक्ष पहलू है और अध्यात्म जीवन का अप्रत्यक्ष व्यक्तिगत पहलू है। पाश्चात्य सभ्यता के परिप्रेक्ष्य में दोनों पहलूओं को एक ही चश्मे से देखने के कारण धर्म के प्रति भ्रांतियां उत्पन्न हुई है। इन भ्रांतियों के वशीभूत संविधान में धर्म का उल्लेख और उसकी व्याख्या भी नहीं की गई, जो भारत की वर्तमान समस्याओं का मूल कारण है।

किसी भी राष्ट्र की उन्नति में वहां के नागरिकों का महत्वपूर्ण योगदान होता है। यदि नागरिकों में परस्पर भय व्याप्त है तो राष्ट्रीय एकता का अभाव राष्ट्र की उन्नति में बाधक होगा। दुर्भाग्य से भारत के तथाकथित धार्मिक विभाजन ने भारतीयों के मध्य भय और विभाजन की दीवार खड़ी कर दी। स्वतन्त्रता के पश्चात् यह भ्रम मिट जाना चाहिए था, परन्तु वोटों की राजनीति ने इस विभाजन को मजबूत किया।

धर्म पर चर्चा करने के पूर्व हमें यह भली भांति समझ लेना चाहिए कि भारत किसी सम्प्रदाय विशेष का देश नहीं है, वरन् यह उन लोगों का देश है, जो भारत के नागरिक हैं, जिनकी मातृभूमि भारत है। भारत के नागरिक होने के कारण हम स्वत: ही एक ऐसी सभ्यता के वारिस हैं, जो पृथ्वी पर चरमोत्कर्ष पहुंची, जहां से धर्म और अध्यात्म के प्रकाश ने विश्व को आलोकित किया। परन्तु पाश्चात्य शिक्षा और संस्कृति के प्रभाव में हमें हमारे अतीत की महिमा नीरा पाखण्ड प्रतीत होती है। जबकि इस सभ्यता का हजारों वर्ष का इतिहास और सैकड़ों वर्षों की गुलामी के पश्चात् भी सुरक्षित रहना इस सभ्यता की श्रेष्ठता का स्वत: प्रमाण है। परन्तु धर्म के प्रति सतही और पूर्वाग्रह से ग्रसित संकीर्ण सोच के कारण सम्पूर्ण सभ्यता, जो समय के झंझावतों को झेल कर कालजयी बनकर उभरी, उसे पश्चिमी विचारधारा के अन्तर्गत धर्म के संकीर्ण दायरे में बांध दिया गया। अन्यथा इस कालजयी सभ्यता में धर्म की अवधारणा अत्यन्त विस्तृत और अपने अन्दर पूरे विश्व को समेटे हुए है। जिसकी आवश्यकता सिर्फ भारत को ही नहीं पूरे विश्व को है।

विष्व में भारत, जिस प्राचीन सभ्यता का प्रतिनिधित्व करता है, वह विश्व की प्राचीनतम सभ्यताओं में से एक है, जिसे हम वैदिक सभ्यता के नाम से जानते हैं। इस सभ्यता के साहित्यिक प्रमाण वेदों में तथा कुछ परम्पराएं आज भी भारतीय संस्कृति का अंग है। भारत में धर्म का अविर्भाव जैसा जिस रुप में हम जानते हैं, वैदिक सभ्यता के छिन्न-भिन्न हो जाने के पश्चात् हुआ, अध्यात्मवाद का अविर्भाव तो और भी बाद में हुआ। वैदिक काल में प्रकृति के घटकों की आराधना तथा यज्ञीय कर्मकाण्ड का प्रचलन था, जो सृष्टि के अति उच्च ज्ञान का द्योतक था। वैदिक काल के पश्चात् ये ही परम्परागत पूजा, आराधना तथा दैनिक कर्मकाण्ड जीवन के अंग हो गए।

वैदिक कालीन जीवन में प्रकृति का स्थान सर्वोपरि था, प्रकृति को तथा प्रकृति के घटकों की स्तुति - आराधना दैनिक जीवन का अंग था। प्रकृति को अदिति के नाम से सम्बोधित कर कहा गया है -

अदितिर्धौरदितिरन्तरिक्षमदितिर्माता सपिता स पुत्रः।

विश्वे देवा अदितिः पंच जना अदितिर्जातमदितिर्जनित्वम्।।

ऋ, 1.89.10

अदिति-प्रकृति ही आकाश, प्रकृति ही अन्तरिक्ष है। वह माता पिता और पुत्र है। विश्वेदेवा अर्थात प्रकृति की शक्तियां प्रकृति ही है, पाँच प्रकार के जीव प्रकृति से ही उत्पन्न होते हैं, इस सृष्टि मे जो कुछ भी हैं और जो कुछ भी होगा वह प्रकृति ही है।

प्रकृति के इस उच्च ज्ञान के साथ यह देखते हुए कि प्रकृति का प्रत्येक घटक अपने आप में पूर्ण और प्रकृति की कार्य प्रणाली के लिए उसकी उपस्थिति अपरिहार्य है। प्रकृति के स्वभाविक कार्यों हेतु इन घटकों में सन्तुलन प्रकृति की प्राकृतिक आवश्यकता है, अन्यथा प्राकृतिक प्रकोप, प्रकृति की सामान्य अभिक्रिया है। एतदर्थ प्रकृति के घटकों की देवता के रुप में स्तुति, उन घटकों की समृद्धि तथा उनके प्रति कृतज्ञता का द्योतक था। प्रकृति के घटकों में साम्यता और सन्तुलन रहे यह इसका मुख्य उद्देश्य था। अर्थात् आम आदमी भी प्रकृति की कार्यप्रणाली और उसके घटकों - अग्नि, वायु, जल, आकाश, सूर्य, पृथ्वी, पेड़ -पौधे, जीव - जन्तुओं आदि के महत्व से परिचित था। क्योंकि प्रकृति के समस्त घटक अपना विहीत कार्य एक तन्त्र के अन्तर्गत सम्पादित करते हैं। प्रकृति के इन घटकों में सन्तुलन ही पृथ्वी पर जीवन का आधार है।

मनुष्य भी प्रकृति का एक घटक है, तद्नुसार मनुष्य का प्रकृति के अन्तर्गत विहीत कार्य अर्थात् धर्म था प्रकृति के घटकों के साथ साम्यता और सन्तुलन कायम रखना, ताकि प्रकृति के कार्य सुव्यवस्थित हो। अन्यथा प्रकृति के घटकों में असन्तुलन उत्पन्न होने पर प्राकृतिक प्रकोप अवश्यंभावी है। वेदों में प्रकृति के अन्तर्गत विहीत कार्य को ही धर्म कहा गया है। अर्थात् धर्म की अवधारणा का प्रथम बीज प्रकृति जिसकी कार्य प्रणाली के अन्तर्गत पृथ्वी पर जीवन का विकास हुआ, उसके अन्तर्गत अपने कर्त्तव्यों के पालन को धर्म कहा गया। ऋत के

सिद्धान्त के अन्तर्गत मनुष्य के इस धर्म के माध्यम से वैदिक सभ्यता के काल में प्रकृति के घटकों के साथ तादात्म्य स्थापित किया गया था, जो पृथ्वी पर जीवन को सुरक्षित रखने का प्रयास था। 'वसुधैव कुटुम्बकम्' सम्पूर्ण पृथ्वी एक परिवार है की वैदिक अवधारणा में प्रकृति का प्रत्येक घटक समाहित है, जिसमें एक परिवार की भावना के साथ प्रकृति के अनुकूल कार्यो की प्रेरणा है।

प्रकृति के नियमान्तर्गत वैदिक सभ्यता के छिन्न-भिन्न हो जाने के पश्चात् प्रकृति के घटकों की स्तुति पारम्परिक पूजा में परिवर्तित हो गई समय के साथ तथा प्रकृति का नैसर्गिक ज्ञान, तत्कालीन परिस्थितियों के साथ साम्यता न होने के कारण अंधविश्वास और रुढ़ि ग्रस्त हो गया। यज्ञीय कर्मकाण्ड की विधियां लुप्त होने लगी तथा ज्ञान सिर्फ वेदों की ऋचाओं तक सीमित हो गया। इन परिस्थितियों में वैदिक विधि-विधान और ज्ञान को सुरक्षित करने के लिए ब्राह्मण ग्रन्थों की रचना हुई, यही वह समय था जब वेदों की ऋचाओं को अपौरुषेय मानते हुए, उनके अर्थ भिन्न-भिन्न अर्थो में ग्रहण किए गए। चारों वेद जिन्हें हम चार शाखाएं कह सकते हैं, उनके अपने अलग-अलग ब्राह्मण ग्रन्थ हैं, इन ग्रन्थों के तीन भाग हैं - ब्राह्मण, आरण्यक और उपनिषद्। ग्रन्थों के ब्राह्मण भाग में यज्ञीय कर्मकाण्ड, यज्ञ-यागादि के विधि-विधान उनकी विस्तृत व्याख्या तथा उनके उचित कारणों का उल्लेख है। यज्ञीय अनुष्ठानों की विधियां इतनी सूक्ष्म और क्रमबद्ध हैं, जिससे विश्वास होता है कि ये विधियां यज्ञों के वैज्ञानिक पहलुओं को प्रस्तुत करते थे। ब्राह्मण काल में यज्ञीय विधि विधान पर विस्तृत चर्चा भी होती थी, जिनका वर्णन मीमांसा में मिलता है।

ब्राह्मण ग्रन्थों के द्वितीय भाग आरण्यक है। इनका अध्ययन कोलाहल से दूर, शान्त जंगलों में किया जाता था, आरण्यक उन लोगो के लिए थे, जो यज्ञीय कर्मकाण्ड से अलग हट कर उनके गूढ़ विषयों पर चिन्तन मनन करते थे। इन ग्रन्थों का अन्तिम भाग उपनिषद् कहलाता है, उपनिषदों को वेदान्त भी कहा जाता है, जिनका सम्बन्ध सूक्ष्म

दार्शनिक विचारों से है। अर्थात् ब्राह्मण काल में अलग - अलग विचारों के लोग थे, जो वैदिक ज्ञान को भिन्न अर्थों में ग्रहण करते थे। ब्राह्मण ग्रन्थों का सम्बन्ध वेदों से था, लेकिन इन्हें वेद नहीं माना जाता था, इन्हें 'श्रुति' अर्थात् जिनका साक्षात् श्रवण हुआ की श्रेणी में रखा गया।

ब्राह्मण काल में ही यज्ञीय कर्मकाण्ड, यज्ञ-यागादि की जटिल सूक्ष्म विधि विधान की पद्धतियों के कारण इन पर पौरोहित्य वर्ग का वर्चस्व हो गया और वर्ण व्यवस्था इसी काल में वंशानुगत् व्यवस्था में परिवर्तित हो गई। ब्राह्मण ग्रन्थों में यज्ञ-यागादि का विस्तृत वर्णन तथा सूक्ष्म विधि-विधान इतने क्लिष्ट थे कि उनको क्रमबद्ध करना आवश्यक हो गया, एतदर्थ सूत्र साहित्य का विकास हुआ, जिसे 'कल्प' साहित्य भी कहा जाता है। इस साहित्य की रचना क्रमबद्ध 'सूत्र शैली' में की गई एतदर्थ इन्हें 'कल्प सूत्र' कहा जाता है। यह साहित्य 'स्मृति' के अन्तर्गत है। इनमें मुख्य चार प्रकार है -

(1) श्रौत सूत्र - श्रौत सूत्र का मुख्य विषय यज्ञ-यागादि का क्रमबद्ध वर्णन है।

(2) गृह्य सूत्र में गृहस्थ जीवन से संबधित संस्कारों आदि का क्रमबद्ध वर्णन है।

(3) धर्मसूत्र - इनमें चारों वर्णो तथा चारों आश्रम के कर्त्तव्यों का वर्णन है।

(4) शुल्व सूत्र - इनमें यज्ञ वेदि के निर्माण की विधियां तथा आकार प्रकार का वर्णन है, जिसका सम्बन्ध रेखागणित से है।

विभिन्न ब्राह्मण ग्रन्थों के अलग-अलग कल्प सूत्र हैं, जिनमें कई 'सूत्र' ऐसे हैं, जो आज उपलब्ध नहीं हैं। इनका यहां विवेचन करने से तात्पर्य यही है कि प्रारम्भ में प्रकृति के घटकों के अनुकूल जीवन, जिसके अन्तर्गत प्रकृति के घटकों के साथ सौहार्द्र और तादात्म्य के साथ जीवन व्यतीत करना धर्म था, ब्राह्मण काल में सूत्र साहित्य की रचना के साथ 'धर्म सूत्र' के अन्तर्गत प्रतिपादित कर्त्तव्यों को धर्म कहा गया, जो

मूलतः समाज में मनुष्यों के विभिन्न कार्यो से सम्बन्धित था, जिन्हें ब्राह्मण,धर्म, क्षत्रिय धर्म, वैश्य धर्म और शूद्र धर्म कहा गया। मनुष्य जीवन को चार आश्रमों में विभक्त किया गया था, ब्रह्मचर्य आश्रम, गृहस्थ आश्रम, वानप्रस्थ आश्रम और सन्यास आश्रम। प्रत्येक आश्रम और वर्ण के अपने कर्त्तव्य थे, जिनका पालन धर्म था। कालान्तर में वर्णव्यवस्था वंशानुगत हो गई और वैदिक ज्ञान, यज्ञीय कर्मकाण्ड आदि के विधि विधानों की रक्षा का दायित्व पुरोहितों और ब्राह्मणों का हो गया, जिसके फलस्वरुप वैदिक ज्ञान पर ब्राह्मणों का एकाधिकार और तत्कालीन परिस्थितियों के अनुसार जिनमें संस्कृति पर विदेशी हमले प्रमुख थे के कारण वर्ण व्यवस्था कट्टरता में परिवर्तित हो गई।

ब्राह्मण काल में ही यज्ञीय कर्मकाण्ड की उपयोगिता और यज्ञीय विधि विधान की जटिलता पर प्रश्न चिन्ह लगना प्रारम्भ हो गए थे, एक वर्ग, जो यज्ञीय कर्मकाण्ड को निरर्थक मानता था, वह ब्राह्मण ग्रन्थों के ज्ञान काण्ड, उपनिषदों की तरफ उन्मुख हो गया। इस काल को उपनिषद् काल कहा जाता है, जो ब्राह्मण काल के करीब एक हजार वर्ष पश्चात् अस्तित्व में आया, जिसके अन्तर्गत आत्मा परमात्मा का दर्शनशास्त्रीय विवेचन प्रमुख था। यहीं से अध्यात्मवाद का प्रादुर्भाव हुआ, जो जीवन का अप्रत्यक्ष और संवेदनशील पहलू था। मूलतः अध्यात्मवाद यज्ञीय कर्मकाण्ड का विरोधी था, परन्तु दोनों का मूल आधार ब्राह्मण ग्रन्थों और वेदों में होने के कारण साथ-साथ चलते रहे। परन्तु अध्यात्म के साथ स्वर्ग-नरक, पुनर्जन्म की कल्पना पुष्ट हुई और यज्ञ में समय के साथ पशुओं की बलि प्रमुख कार्य हो गया।

मनुष्य जीवन का यह अप्रत्यक्ष पहलू, जो पृथ्वी पर जीवन के रहस्य से संबंधित था, अत्यन्त संवेदनशील पहलू होकर सामने आया, जबकि वैदिक काल में इन्हें कोई महत्व नहीं दिया गया था, कारण स्पष्ट है कि वैदिक काल में मनीषियों को पृथ्वी पर जीवन का रहस्य ज्ञात था। तद्नुसार उन्होंने मनुष्यों के कर्त्तव्यों का निर्धारण किया था, जो प्रकृति के

अनुकूल मनुष्य का विहीत कार्य था। इसे ही धर्म कहा गया था। धर्म अपने व्यापक अर्थ में कर्त्तव्य बोधक था, अतएव प्रत्येक करने योग्य कार्य धर्म का पर्याय था। वैदिक सभ्यता के छिन्न-भिन्न हो जाने के पश्चात् इस सभ्यता की परम्पराओं को जीवित रखना यह भी एक कर्त्तव्य था अर्थात् मनुष्य का हर कार्य धर्म की परिधि में आ गया। यह परम्परा यहीं खत्म नहीं हुई वरन् यज्ञीय कर्मकाण्ड में उत्पन्न विकृतियों, स्वर्ग-नरक तथा ईश्वर जिनका सम्बन्ध जीवन के अप्रत्यक्ष रहस्य से था, जिसका वैज्ञानिक ज्ञान विलुप्त हो चुका था, वह भी धर्म का पर्याय हो गया। जबकि इनका सम्बन्ध मनुष्य के व्यक्तिगत विचार और अप्रत्यक्ष जीवन से था। फिर भी वेदों की भिन्न-भिन्न शाखाओं, ब्राह्मण ग्रन्थों और सूत्र साहित्य की विभिन्न विचारधाराओं के कारण ब्राह्मण पंडित और पुरोहित जो कई वर्गो में विभक्त थे, जिसके कारण चर्च जैसी किसी संस्था का गठन या ईश्वर के नाम पर धार्मिक संगठन नहीं बन सके, वरन् प्रकृति के अनुकूल विहीत कर्त्तव्य का धर्म अपने विस्तृत परिप्रेक्ष्य में सहिष्णुता और सहअस्तित्व की भावना के साथ पोषित होता रहा तथा कर्मकाण्ड, अध्यात्म, आत्मा-परमात्मा जिनका सम्बन्ध जीवन के अप्रत्यक्ष पहलू से होने के कारण व्यक्ति अपने मानसिक स्तर के अनुसार इन्हें मानने या न मानने के लिए स्वतन्त्र था। इससे यह भी स्पष्ट होता है कि भारतीय समाज वैचारिक दृष्टि से स्वतन्त्र और प्रबुद्ध था, ऋषियों और मनीषियों ने स्वतन्त्र रुप से तत्व चिन्तन के द्वारा जीवन के अप्रत्यक्ष पहलू के संबंध में इतने तार्किक और वैज्ञानिक वाद प्रस्तुत किए थे कि भारत में अध्यात्म के नाम पर शोषण और संगठन संभव नहीं थे। वरन् अध्यात्मिक सर्वेश्वरवाद के तहत् 'वसुधैव कुटुम्बकम्' सम्पूर्ण पृथ्वी एक परिवार है की वैदिक अवधारणा - सहिष्णुता और सहअस्तित्व की भावना के साथ एक नवीन रुप में पल्लवित हुई, जो अनेकता में एकता का पर्याय है।

सूत्र साहित्य में 'धर्म सूत्र' में ही धर्म की व्याख्या मिलती है, जो मनुष्य के व्यक्तिगत और सामाजिक जीवन के कर्त्तव्यों से सम्बन्धित है। शेष अन्य सूत्रों का सम्बन्ध यज्ञ-यागादि से है, विदेशी धर्मो के परिप्रेक्ष्य

में भारतीय जन जीवन पूर्ण रुप से धर्ममय था, अतः सम्पूर्ण भारतीय साहित्य और मनुष्य के क्रिया-कलापों को धर्म के रुप में देखा गया, यही परम्परा स्वतन्त्रता के पश्चात् भी आज तक कायम है। विदेशी प्रभाव का वर्चस्व-परतन्त्रता और स्वतन्त्रता में यही अन्तर है कि विदेशी शासक 'धर्म विशेष' से प्रभावित थे, जिनके लिए बहुदेव वाद, कर्मकाण्ड, संस्कार और रीति रिवाज ही भारत का धर्म था। स्वतन्त्र होने का अर्थ यही है कि हम धर्म को सही परिप्रेक्ष्य में ग्रहण करके, नागरिकों में कर्त्तव्य बोध का अहसास करा सकते हैं, जो वर्तमान में सिर्फ संकट के समय ही दृष्टिगोचर होता है। क्योंकि शासक और शासित का अहसास पूर्ववत् है।

संसार के अध्यात्मिक मत और पंथो मे नैतिकता और कर्त्तव्य पालन प्रमुख है। अर्थात सृष्टि तन्त्र एक क्रिया-प्रतिक्रिया का तन्त्र है जिसमें प्रत्येक क्रिया की प्रतिक्रिया अटल सत्य है, मनुष्य को इसी का अहसास कराने का प्रयत्न इनके द्वारा भिन्न-भिन्न प्रकार से किया गया है क्योकि संसार मे मनुष्य के दुःखों का कारण, उसके कार्यों की विपरीत प्रतिक्रिया मे अन्तर्निहित है, जिसके लिए वह स्वयं उत्तरदायी है। विपरीत प्रतिक्रिया की कोई सीमा या अवधि नही है, इसे न समझने के कारण मनुष्य भ्रमित है। भौतिक दृष्टि से इसे प्रकृति की कार्य प्रणाली के द्वारा समझा जा सकता है, जिसमे प्रकृति का प्रत्येक घटक महत्वपूर्ण है, उसी प्रकार प्रत्येक मनुष्य के विचार, शब्द और कार्य महत्वपूर्ण है, जो अध्यात्म का वैज्ञानिक पहलू है।

8

भारत का अतीत और वर्तमान

भारत का अतीत गौरवमयी परम्परा का प्रतीक है, परन्तु हजारों वर्षों का सफर और सैकड़ो वर्षों की गुलामी के अंधेरे ने भारत के स्वरूप को अच्छादित कर दिया। फिर भी भारत अपनी संस्कृति की परम्परा को पोषित करने में सफल रहा, जिनके प्रमाण वेदों मे है, जो पृथ्वी पर मानव सभ्यता के प्राचीनतम दस्तावेज है। विश्व आज धार्मिक आतंकवाद से ग्रस्त है, वैदिक संस्कृति की धरोहर अनेकता मे एकता में इसका समाधान खोजा जा सकता है, क्योंकि विश्व में धर्म और अध्यात्म का मूल स्त्रोत वेदों में ही है। धर्म किसी सम्प्रदाय या कर्म काण्ड का प्रतीक नहीं है और देवी-देवता से ईश्वर और परमेश्वर की अवधारणा का विकास कैसे किन परिस्थितियों मे हुआ इसका ज्ञान भी प्राप्त किया जा सकता है।

भारत का प्राचीन इतिहास यह स्पष्ट संकेत नहीं देता है कि भारतीय सभ्यता कितने हजार वर्ष पूर्व यहाँ विकसित हुई थी, परन्तु भारतीय साहित्य और वेदों से यह स्पष्ट प्रतीत होता है कि यह संस्कृति मनुष्य की आदि संस्कृति होने के साथ-साथ अति विकसित सभ्यता थी। यह वेदों के सृष्टि निर्माण संबंधी विवरण, प्रकृति वर्णन आदि से ज्ञात होता है। यहाँ के संस्कृत साहित्य के महाकाव्य, खण्डकाव्य, गीतकाव्य, नाटक, कथा एवं आख्यायिकाऐं इसकी साहित्यिक गरिमा और विद्वता का परिचय कराती हैं, वहीं विज्ञान साहित्य में ध्वनि शास्त्र, व्याकरण, गणित, ज्योतिष, आयुर्वेद, खगोल शास्त्र और धर्म शास्त्र भारतीयों के उत्थान को प्रदर्शित करते हैं। यद्यपि ऐतिहासिक तथ्य उपलब्ध नहीं है कि भारतीय

संस्कृति में कब-कब परिवर्तन हुए। परन्तु हरप्पा और मोहनजोदड़ो की खुदाई से भारत के अतीत की झलक मिलती है, अगर यह कहा जाए कि यहाँ से भारत के अज्ञात और आज के ज्ञात भारत का इतिहास प्रारम्भ होता है, तो अतिशयोक्ति नहीं होगी। सिन्धु घाटी की सभ्यता से ज्ञात होता है कि 5000 वर्ष पूर्व इस भाग में एक विकसित सभ्यता थी। प्रोफेसर वाइल्ड के शब्दों में सिन्धु सभ्यता एक विशेष वातावरण में मनुष्य के जीवन का पूरा संगठन प्रकट करती है और यह अनेकानेक वर्षों के प्रयत्नों का ही परिणाम हो सकती हैं। यह एक टिकाऊ सभ्यता थी, उस समय भी उस पर भारत की अपनी छाप थी, और आज भारतीय सभ्यता का आधार है।

सिन्धु घाटी की सभ्यता के अवशेष जहाँ भारत की एक कहानी प्रस्तुत करते हैं, वहीं एक तथ्य यह भी प्रस्तुत करते हैं कि प्राकृतिक विनाश के बाद यह संस्कृति पुनः अपने ऐश्वर्य के पथ पर अग्रसर होने को तत्पर हुई, जिसके पास सिर्फ साहित्यिक दस्तावेज ही थे, जो उसके अतीत की कहानी प्रस्तुत करते थे। विकास के दौर में अन्धविश्वास, पुरोहित और पंडितों की स्वेच्छाचारी व निरंकुशता से अवरोध उत्पन्न हुए जिसकी परिणति अनेक अध्यात्मिक पंथों और जैन तथा बौद्ध मत के रूप में हुई, परन्तु वैदिक परम्पराएँ तथा वैदिक साहित्य ब्राह्मणों के पास सुरक्षित एवं पोषित होता रहा। ऐसा अनुमान होता है कि सिंधु सभ्यता के विनष्ट होने के साथ वर्ण व्यवस्था पर वंशानुगत होने का दबाव भी पड़ा होगा। बौद्ध काल जिसका प्रारम्भ ईसा से 480 वर्ष पूर्व माना जाता है, इस संस्कृति के रूपान्तरण का काल था, ईसा पूर्व 259 - 222 सम्राट अशोक का शासन काल बौद्ध मत के लिए सर्वोत्कृष्ट काल कहा जा सकता है, जब बौद्ध मत अन्य देशो में भी फैलता चला गया। भारत में बौद्ध मत का खण्डन जगतगुरू शंकराचार्य के द्वारा आठवीं सदी में हुआ और अद्वैत मत की पुनर्स्थापना के साथ वैदिक संस्कृति पुनः पल्लवित होने लगी। वैदिक संस्कृति पर बौद्ध मत के हमले के पश्चात् जो साक्ष्य उपलब्ध होते हैं, उनमें भारत पर सिकन्दर का आक्रमण जो ईसा पूर्व

326 में हुआ था, यह प्रदर्शित करता है कि भारतीयों को विदेशी हमलों के अनुभव ने संस्कृति की रक्षा के प्रति प्रतिबद्ध किया।

भारतीय संस्कृति और साहित्य के अवलोकन के लिए इतिहास पर दृष्टि डालें तो हमे ऐतिहासिक साक्ष्य के रूप मे सिन्धु घाटी के अवशेष और साहित्य प्राप्त होता है। परन्तु एक प्रश्न हमेशा उठाया जाता है कि भारतीय साहित्य मे जहाँ उत्कृष्टता के दर्शन होते है, वहाँ किसी भी वस्तु का आधुनिक संदर्भ मे काल ज्ञात करने का कोई मापदण्ड नही है, इसे भारतीय साहित्य का सबसे दुर्बल अंश माना जाता है। यह भी कहा जाता है कि भारतीयो मे एतिहासिक बुद्धि का अभाव था। अतएव संस्कृत ग्रंथकारो की तिथियाँ तथा वैदिक सांस्कृति एवं वेदो का रचना काल आज तक विवादास्पद है। भारतीय साहित्य मे स्वप्रशंसा, अपना जीवन वृतांत तथा रचना काल लिखने की परम्परा नहीं रही है, इसका यह मतलब नही कि उन्होने कभी इतिहास मे उल्लेखित कोई कार्य नही किया। इसके पीछे एक अत्यन्त उच्चता का आदर्श झलकता है, जो यह प्रदर्शित करता है कि समस्त कर्म और सांसारिक अस्तित्व की भावना एक महादोष है और समय की धारणा केवल एक कल्पना है, जो जिस किसी घटना के आधार पर व्यवहार के लिए बना ली गई है। अर्थात संसार चक्र एक अबाध गति से निरन्तर चलने वाली प्रक्रिया है, जो अनन्त समय से चल रही है और अन्नत काल तक चलती रहेगी, अर्थात संभव है कि वे विकास के सर्वोच्च शिखर पर पहुँच चुके हो और उनका यह अहसास की जन्म के बाद मृत्यु निश्चित है, तो फिर इतिहास किसके लिए हो सकता है, कुछ लोग इससे सहमत न हो जो यह मानते है कि मानव जााति के इतिहास मे सर्वाधिक विकास वर्तमान काल मे ही हुआ है।

भारत के अतीत के बारे मे इसका साहित्य ही इसके अतीत के प्रमाण है। ईसा पूर्व 500 वर्ष का जो ज्ञात इतिहास है, उसी से अनुमान लगाया जा सकता है कि वर्ण व्यवस्था, धार्मिक अंधविश्वास और रूढ़ियाँ उस समय के भारतीय जीवन का अंग था। यज्ञ, बलि प्रथा अपनी चरम

अवस्था मे थी। वर्ण व्यवस्था के विकृत रूप, अंधविश्वास और रूढ़ियो के खण्डन के लिए बौद्ध और जैन मत का उदय हुआ।

जैन और बौद्ध मत, वैदिक संस्कृति और उसकी शाखाओ से अलग हटकर माने जाते थे, परन्तु इनका स्त्रोत वेद ही थे, वेदों की परम्परा और रूढियों को वेदों का प्रमाण मानने से अवश्य ये इन्कार करते थे। यदि यह कहा जाए कि ये यथार्थवादी और बुद्धिवादी दृष्टिकोण पर आधारित थे, तो गलत नही होगा। संस्कृति और मानव सभ्यता के विकास के मध्य कई पड़ाव आते है, जब प्राचीन और आधुनिक विचारों में सामंजस्य नही रहा पाता है, फलस्वरूप मनुष्य रहस्य और अंधविश्वासों में जकड़ जाता है, यहीं से मानवीय खोज का सिलसिला प्रारम्भ होता है। इन्ही मानवीय खोजों का परिणाम बौद्ध मत के रूप में समाने आया। बौद्ध मत की सबसे बडी विशेषता यही थी की बुद्ध ने अपने उपदेशो में बुद्धि और तर्क के आधार पर सत्य को सामने रखा।

अतीत की देन वर्तमान समस्याएँ

भारत के इतिहास का अवलोकन करें तो यह स्पष्ट विदित होता है कि जब-जब भारत में संस्कृतिक एंव राजनीतिक एकता रही, भारत ने उन्नति की और विश्व में अपना स्थान बनाया, यह सम्राट चन्द्रगुप्त, सम्राट अशोक, मौर्यकाल और गुप्त काल से विदित होता है। जब-जब भारत की राजनीतिक एकता खण्डित हुई, भारत को विदेशी हमलों और गुलामी का परिणाम झेलना पड़ा। मुगलकाल में अकबर ने इस आवश्यकता को महसूस किया था और उसके प्रयासों से जहाँ एकता पल्लवित हुई, भारत ने उन्नति की, यही एकता औरंगजेब के काल में धर्मान्धता और उसकी नीतियों के कारण विनष्ट हुई। संस्कृतिक एकता पर प्रहार होते ही, मुगल साम्राज्य का पतन भी प्रारम्भ हो गया।

औरंगजेब की मृत्यु के बाद के सौ सालों में भारत पर अधिकार के लिए कई शक्तियाँ सक्रिय हुईं। सन् 1730 में नादिरशाह का हमला हुआ और उसकी लूटपाट के फलस्वरूप भारत की आन्तरिक शक्ति छिन्न-भिन्न हो गयी, सन् 1757 में क्लाइव ने प्लासी का युद्ध जीत कर

अंग्रेजी साम्राज्य की जडें जमाना प्रारम्भ किया। भारत की आपसी लड़ाई, फूट, ईर्ष्या, द्वेष का फायदा अंग्रेजो ने पर्याप्त उठाया और वे भारत पर अपना साम्राज्य स्थापित करने में सफल रहे। इस अंग्रेजी शासन काल में भारत ब्रिटेन के साम्राज्य का उपनिवेश रहा और भारत का खजाना इंगलैण्ड पहुँचता रहा। अंग्रेजो की "फूट डालो और राज करो" कि नीति ने जहाँ भारतीयों को एक होने से रोका, वहीं समाज में उन्होने आर्थिक विषमता उत्पन्न की, जिससे समाज अमीर, गरीब, छोटे-बड़े और पिछड़ों में बंट गया। वर्ण व्यवस्था तो पूर्व से ही विधमान थी, उसने इसे एक स्थाई जामा पहनाना प्रारम्भ कर दिया। अंग्रेजों ने एक और तरह से भी लाभ उठाया, शासकीय सेवा प्रारम्भ करके उसमें वे उसे ही नियुक्ति देते थे, जो सम्पन्न परिवार का हो। ये नौकरीयाँ बाद में "इंडियन सिविल सर्विस" में बदल गईं। अंग्रेजी शिक्षा के माध्यम से भारत में उन्होने ऐसा वर्ग कायम करने में सफलता प्राप्त की जो भारतीय होते हुये भी भारतीय नही था, इस प्रकार भारतीय संस्कृति पर पश्चिमी संस्कृति का हमला प्रारम्भ हुआ। इस प्रकार से शिक्षित युवक पश्चिमी विचारधारा और भौतिक प्रगति से प्रभावित तो थे ही, उन्हें अपना अतीत और भारत दोनो अत्यन्त पिछडे नजर आते थे। एक और कार्य जो ब्रिटिश साम्राज्य के लिये लाभदायी हो सकता था, वह था कृषि को बढ़ावा देकर छोटे-छोटे गाँव में वृद्धि करना, इन आकडों से यह स्पष्ट होता है कि 19वीं सदी के मध्य जनसंख्या का 51 प्रतिशत भाग खेती पर निर्भर था, परन्तु अंग्रेजों के शासन काल में यह 74 फीसदी हो गया (सन् 1939 की रिपोर्ट के अधार पर) इससे जहाँ गरीबी मे वृद्धि हुई, वहीं पिछडापन भी बढ़ता गया। क्योंकि जमीन तो थी, लेकिन जमीन पूरी तौर पर घिरी हुई थी, जो उन्हे प्रर्याप्त लाभ नही दे सकती थी।

अंग्रेजो के शासन काल में गाँवों पर जमींदार और जागीरदार प्रभावशाली होते गये, जिन्हें शासन का संरक्षण प्राप्त था। उद्योग-धंधे, व्यापार और कृषि का सन्तुलन बिगड गया, जिससे गरीबी, अशिक्षा, असमानता समाज में निरन्तर प्रगति करती गई। कहना होगा की यह

स्थिति अंग्रेजों के अनुकूल थी। दूसरी तरफ शहरों और कस्बों में अंग्रेजी शिक्षा पद्धति के माध्यम से शिक्षा का प्रचार प्रसार प्रारम्भ किया। इस शिक्षा का उद्देश्य दफ्तरों में क्लर्कों की पूर्ति करना था, जो उनकी मजबूरी थी, क्योंकि इतने पढ़े लिखे लोग वे इंग्लैण्ड से ला नही सकते थे। दूसरा उद्देश्य इसके पीछे अंग्रेजी संस्कारों, पश्चिमी विचारों और रीतियों का भारतीय युवकों पर प्रभाव डालना था, ताकि वे अपनी संस्कृति से अलग हटकर सोचें और महसुस करें कि भारत की उन्नति के लिये अंग्रेजी शासन आवश्यक है। इस शिक्षा के प्रभाव में भारत में एक नया वर्ग पैदा हो गया, जिसका सोच अंग्रेजी परस्त था। यह वर्ग अपने को साधारण वर्ग से अलग महसूस करता था। इस वर्ग के नये विचारों ने भारतीय समाज को रूढियों से अलग हटाने का प्रयत्न किया और समाज सुधार के आन्दोलन प्रारम्भ हुए, यह पश्चिमी शिक्षा का दूसरा पहलू था, जिससे समाज को नई दिशा प्राप्त हुई। इसके साथ ही राजनीतिक हलचलें भी प्रारम्भ हुई, इससे शिक्षित वर्ग में राष्ट्रीयता और स्वतंत्रता का भाव जाग्रत हुआ, जिससे उन्होंने भारत के कोने कोने तक पहुँचाने का प्रयत्न किया। परन्तु इस पश्चिमी शिक्षा और चर्च के प्रभाव के माध्यम से ईसाई मतावलम्बियो की संख्या भी निरन्तर बढ़ती गई और एक नया अल्पसंख्यक वर्ग खड़ा किया गया, जो धर्म परिवर्तन द्वारा बना। ब्रिटिश काल की एक और देन भारत को एक राजनीतिक सूत्र में बांधना भी था, जिससे कई सक्रिय शक्तियाँ उत्पन्न हुई, जिन्होने भारत की स्वतंत्रता का लक्ष्य समाने रखा। भारतीय राष्ट्रीय कांग्रेस का उदय प्रमुख घटना थी। परन्तु अंग्रेजों की विघटनकारी प्रवृतियाँ भी सक्रिय थी। उन्होने प्रतिक्रियावादी तत्वो को भी प्रोत्साहन दिया तथा धर्म जो भारतीय संस्कृति मे अन्दर तक समाया हुआ था, उसे हिन्दू धर्म तथा मुस्लिम धर्म के माध्यम से प्रचारित कर जन मानस मे विघटन तथा प्रान्तीय एकता को तोड़ने को प्रयत्न भी किया। पहले उन्हें मुसलमानों का दमन किया और फिर प्रोत्साहन देना प्रारम्भ किया। सन् 1906 में ब्रिटिश प्रेरणा से मुस्लिम लीग की स्थापना सर आगाखाँ के नेतृत्व में हुई। उन्नसवी शताब्दी के प्रारम्भ में एक और घटना हुई, जहाँ मुगल बादशाहों ने किसी खलीफा को या हिन्दुस्तान के

बाहर के किसी धार्मिक नेता को अपना संरक्षक 'नहीं माना, परन्तु मुगल शक्ति समाप्त होने के बाद भारत की मस्जिदों में तुर्की के सुल्तान का नाम लिया जाना शुरू हुआ, जो उस समय एक स्वतंत्र मुस्लिम शक्ति थी। इसके साथ ही मुसलमानों के लिये पृथक निर्वाचन क्षेत्रो का निर्माण किया गया, जिसके तहत मुस्लिम सिर्फ सुरक्षित निर्वाचन क्षेत्रो से ही चुने जा सकते थे।

इस प्रकार मुसलमानों के चारों तरफ एक राजनीतिक और धार्मिक दीवार खड़ी कर दी गई। सरकारी नीति से पोषण पाकर समाज में अनेक प्रतिक्रियावादी निहीत स्वार्थ पैदा हो गये, इससे म्युनिसिपल और स्थानीय स्वराज संस्थाओ में ये स्वार्थ इस कदर फैले कि उस समय की सारी असली समस्याएँ, जो राजनीतिक, सामाजिक और अर्थिक थी, दब गई इससे विभाजन की भावना पुष्ट हुई और भारतीय जो सदियो से साथ-साथ रह रहे थे, हिन्दू और मुसलमानो की भाषा में अपने को व्यक्त करने लगे। प्रथक निर्वाचन क्षेत्र की माँग बाद मे अन्य अल्पसंख्यकों के द्वारा भी उठाई गई और भारत समूहो में बंट गया, इसकी परिणति अन्ततः बटवारे में हुई और भारत से एक हिस्सा अलग हटकर पाकिस्तान बन गया। यह भारत पर अंग्रेजी शासकों की कूटनीतिक विजय थी।

भारत सदियों से विभिन्नताओ के होते हुए भी एक था। इसके पीछे कोई मजबूरी या दबाव हो ऐसा नहीं लगता है, इसके पीछे 'वसुधैव कुटुम्बकम' का अति उच्च दर्शन था, जो प्रकृति के साथ तादात्म्य और प्रकृति के घटको मे सन्तुलन बनाए रखने का प्रयास था। जीवन और प्रकृति में एक तारतम्य और एकता के आधार पर कर्मानुसार वर्ण व्यवस्था थी, जो मनुष्य के गुण, कर्म और स्वभाव पर आधारित थी। यह व्यवस्था जब वंश परम्परा मे परिवर्तित हो गई, तो समाज ने ऊँच-नीच और श्रेष्ठता के भाव जागृत हो गये, जो आज जातियों के रूप में हमारे सामने है। भारत मे धर्म कभी प्रचार का माध्यम नहीं रहा न ही यह किसी सम्प्रदाय का प्रतीक था, धर्म से तात्पर्य था प्रकृति के अन्तर्गत अपने विहीत कर्त्तव्य कर्मों का पालन, जो समस्त मनुष्यों के लिए एक

है, अतः भारतीय संस्कृति मे धर्म परिवर्तन का कोई विधान नही मिलता है। मनुष्य अपने मानसिक स्तर के अनुसार ईश्वर को मानने या न मानने के लिए स्वतंत्र था अतः व्यक्ति किस अध्यात्मिक पंथ या किस पूजा पद्धति का पालन करता है यह गौण था, इसलिए जब प्रारम्भ में धर्म परिवर्तन हुए, तब कोई खास विरोध नहीं होता था, सिवाय इसके कि जब बल प्रयोग होता था। अन्यथा इससे अधिक महत्व नहीं दिया गया। समय के साथ भारत में मुसलमानों को भी एक जाति मानकर अपने में आत्मसात् कर लिया गया था। प्रारम्भ में, जो भारतीय धर्म परिवर्तन द्वारा मुसलमान हो गये थे, वे पुनः अपने धर्म में शामिल होना भी चाहते थे परन्तु धर्म परिवर्तन का कौई प्रावधान न हो के कारण इसका कोई हल नहीं खोजा जा सका और भारत मे धर्म किसी पहचान का माध्यम भी नही था।

19वीं शताब्दी के प्रारम्भ में अंग्रेजों की फूट डालो और राज करो की नीति ने भारतीयों के मध्य यह विभाजन रेखा खींचना प्रारंभ की कि भारतीय भारतीय न होकर हिन्दू और मुसलमान है। जब धर्म का उपयोग मनुष्य को विभाजित करने के लिए किया जा रहा था, ऐसे समय में स्वामी दयानन्द ने आर्य समाज की स्थापना की, जो मुलतः सुधार आन्दोलन और धर्म परिवर्तन के विरोध में प्रारम्भ हुआ। आर्य समाज ने सर्वप्रथम विधर्मियों की शुद्धि के लिए, शुद्धि करके अपनाने की प्रथा डाली और एक प्रकार से ब्राह्मणों के कट्टरपन को चुनौती दी। परन्तु यह सुधार आन्दोलन बहुत देर से प्रारम्भ हुआ, जब भारतीय मुसलमानों में अपने अलग अस्तित्व की भावना जागृत की जा चुकी थी। अन्यथा प्रारम्भ में जब धर्म परिवर्तन प्रारम्भ हुआ, ब्राह्मणों को इसका हल उसी समय सोचना चाहिए था, परन्तु वर्ण व्यवस्था मे श्रेष्ठता का अहम् और अध्यात्मिक स्वतंत्रता होने के कारण यह विचार ही नहीं किया गया कि भारतीय संस्कृति मे संगठित धर्म कहाँ समाहित होगा। मुगल शासन काल मे बादशाह अकबर ने 'दीन ए इलाही' के माध्यम से एकता का प्रयास अवश्य किया था अन्यथा राजनीतिक एकता का अभाव और गुलामी के कारण प्रकृति जन्य धर्म विलुप्त हो गया और कर्म काण्ड, परम्पराएं

आदि को धर्म मान लिया गया, जिसके आधार पर भारतीयों को अंग्रेजों द्वारा विभक्त किया गया।

भारत में अनादिकाल से कई जातियाँ, कबीले, धर्म, पंथ और विचारधाराएं बाहर से आती रही हैं। भारत मे उनका स्वागत भी हुआ और वे भरतीय संस्कृति की मुख्य धारा में समाहित हो गई। यह अदभुत शक्ति सिर्फ भारतीय संस्कृति में ही है। जैसे समुद्र का विस्तार अनन्त होता है और उसमे मिलने वाली नदियाँ उसमें विलीन हो जाती है, उनका जल समुद्र का जल हो जाता है। वैसे ही विदेशी संस्कृतियाँ भारत मे आती रहीं है और समाहित होती रही हैं अर्थात और वे यहीं की होकर रह गईं। कर्नल डाडवेल के कथनानुसार "हिन्दुस्तान में समुद्र की तरह सोखने की असीम शक्ति थी"। हो सकता है इसी समाहित करने की असीम शक्ति के कारण भारत को हिन्दुस्तान कहा गया हो, क्योंकि पुराने साहित्य में इसका उल्लेख नही मिलता है। भारतीय साहित्य में आठवीं सदी के एक तान्त्रिक ग्रंथ मे इसका उल्लेख मिलता है। वहाँ भी हिन्दू का मतलब किसी विशेष धर्म से नहीं, बल्कि विशेष लोगों से है। फारसी मे भी यह शब्द आता है, पश्चिमी और मध्य एशिया के लोग इस शब्द का प्रयोग सिन्धु नदी के इस पार बसने वाले लोगों के लिए करते थे। इस शब्द की उत्पत्ति सिन्धु से हुई और इसी से इंडोस, इंडिया और हिन्दुस्तान शब्द बने हैं। सिन्धु और 'सप्तसिन्धवः' वेदों मे भी आए हैं, जहाँ सिन्धु शब्द सिन्धु नदी के लिए प्रयुक्त हुआ है, वहीं 'सप्त सिंधवः' सात नदियों और सागर के रूप मे भी इसका प्रयोग हुआ है अर्थात सिन्धव से तात्पर्य सागर और समुद्र भी है। शायद भारतीय संस्कृति की समुद्रवत आत्मसात करने की क्षमताओं के कारण इस भू-भाग को हिन्दुस्तान कहा जाने लगा हो और यहाँ के वासी हिन्दू। हूण, मंगोल या तुर्क इस भू-भाग को हिन्दुस्तान के नाम से पुकारते भी थे, अन्यथा इसे आर्य देश कहा जाता था, जो आर्यावर्त का रूपान्तरण है। चीनी यात्री इत्सिंग जो 671 ई. मे भारत आया था, उसने अपने वृत्तान्त मे लिखा भी है कि "यह भू-भाग आर्य देश के नाम से प्रसिद्ध है, आर्य अर्थात अत्तम, उत्तरी जातियाँ (हूर्ण, मंगोल, तुर्क) ही इस देश को हिन्दू

(सिनन्तु) कहते हैं, लेकिन यह नाम कदापि प्रचलित नहीं है। यहाँ के लोग इस नाम को नहीं जानते, इस देश का उचित नाम आर्य देश है।" यह इसी प्रकार का वृत्तान्त है कि जिस प्रकार आज भी भारत को विदेशी समाचार एजेन्सियाँ हिन्दुस्तान के नाम से ही सम्बोधित करती हैं, जबकि स्वतंत्रता के पश्चात इस देश का घोषित नाम भारत है। इन तथ्यों से विदित होता है कि हिन्दू शब्द का प्रचलन सातवीं, आठवीं शताब्दी का है और एक विशेष धर्म के अर्थ मे इसका प्रयोग ओर बाद का है, जो भारतीय संस्कृति की विशेषताओं को न समझते हुए, इस आधार पर दिया गया कि वे अपने विश्वास एवं संगठन को एक धर्म समझते थे। विदेशियों ने भारत को अथवा 'आर्य देश' को हिन्दुस्तान कहा और इससे उनका तात्पर्य यदि इसकी समुद्रवत आत्मसात करने की शक्ति से था, तो भारत का कद बड़ा ही है, परन्तु जब इसे हिन्दू धर्म से जोड़ दिया गया, तो भारत का कद घट गया, क्योंकि धर्म कोई तुलना करने की चीज नहीं है, यह शाश्वत सनातन धर्म है, जिसे विभक्त नही किया जा सकता, धर्म को जाति सूचक, सम्प्रदाय सूचक या वर्ण सूचक शब्दों के साथ जोड़ने की परम्परा ने ही धर्म के बारे में भ्रान्तियाँ उत्पन्न की हैं। इससे व्यक्तियों के व्यक्तिगत द्वेष, स्वार्थ, जातियों के झगड़े, सम्प्रदायों के झगड़े भी धर्म के झगड़े हो जाते हैं, जो यथार्थ में धर्म का अवमूल्यन करते हैं, क्योंकि आज आधुनिक वैज्ञानिक युग में अधिकांश मनुष्य ऐसे हैं, जो यह विश्वास करते हैं कि धर्म एक अफीम है और यह सिर्फ अन्धविश्वास है। इसीलिए चतुर बुद्धिजीवी अपने को इससे अलग रखने का प्रयत्न करते हैं, और अनजान मनुष्य, जो इसके लिए संघर्ष करते हैं, उन्हें उनके भाग्य पर छोड़ दिया जाता है। यह सोच देश की एकता और अखण्डता के लिए तो घातक है ही विकास के लिए भी घातक है।

9

सृष्टि का आधार - सृष्टि यज्ञ तन्त्र

सृष्टि तन्त्र प्रारम्भ से ही मनुष्य की जिज्ञासा का केन्द्र रहा है, इस सन्दर्भ में खोज मनुष्य जीवन का अंग है। वर्तमान में विज्ञान की विभिन्न शाखाओं में असंख्य सफलताओं के बावजूद विज्ञान पृथ्वी पर जीवन के पूर्ण रहस्य से पर्दा नहीं उठा पाया है। फिर भी विज्ञान मनुष्यों को अंधविश्वासों और परम्पराओं के जंजाल से मुक्त कराने में कुछ हद तक सहायक रहा है। परन्तु यह भी सत्य है कि आधुनिक विज्ञान मनुष्य को सही दिशा निर्देश देने में असफल रहा है, जिससे मनुष्य भौतिकता की चकाचौंध में उलझ कर रह गया। पुनः वह शांति की खोज में अध्यात्मिक गुरूओं की तरफ उन्मुख हो रहा है। आधुनिक विज्ञान की प्रगति के साथ आम मनुष्य को यह भी ज्ञान होना चाहिए कि सृष्टि का आधार क्या है? अन्यथा ईश्वर की अप्रत्यक्ष सत्ता को स्वीकार करने के लिए किसी प्रमाण की आवश्यकता नहीं है।

आधुनिक विज्ञान सृष्टि के जिस आधार की खोज में संलग्न है, उसकी खोज पूर्व में भी हो चुकी है, आधुनिक विज्ञान के चश्में से तथ्यों की खोज करे तो किसी निष्कर्ष पर पहुंचा जा सकता है। इस सन्दर्भ में वैदिक यज्ञीय कर्मकाण्ड का वैज्ञानिक दृष्टि से विश्लेषण सहायक हो सकता है। यहां ध्यान देने योग्य तथ्य है कि वैदिक काल में यज्ञीय कर्मकाण्ड प्रचलित अवश्य था परन्तु भौतिक अभीष्ट पूर्ति का साधन नहीं था, वैदिक संस्कृति के नष्ट होने के पश्चात इसमें विकृतियां उत्पन्न हुई और यज्ञीय कर्मकांड विवाद के घेरे में आ गया। आज यह सिर्फ

परम्परानुसार भारतीय संस्कृति में कुछ अवसरों तक सीमित है तथा आर्य समाज के अनुयायी प्रातः और सायंकाल दैनिक यज्ञ आज भी करते हैं। यज्ञ से तात्पर्य है, क्रिया - प्रतिक्रिया, सृष्टि में भी निरन्तर क्रिया प्रतिक्रिया हो रही है, जिसे यज्ञ कहा गया है। सृष्टि में एक तन्त्र के अन्तर्गत क्रिया प्रतिक्रिया का चक्र चल रहा है। जिसके अनुसार सृष्टि एक यज्ञ तंत्र का प्रतीक है। सृष्टि का आविर्भाव और विकास समय के साथ एक मौलिक ऊर्जा की क्रमबद्ध क्रिया प्रतिक्रिया का फल है, जिसमें ऊर्जा का आदान - प्रदान एक निरन्तर चलने वाली प्रक्रिया है। एक मौलिक ऊर्जा से सृष्टि के विकास का वर्णन ऋग्वेद के नासदीय सूक्तों में मिलता है, सृष्टि और प्रकृति का विस्तृत विश्लेषण सृष्टि विश्लेषण सूक्त ऋ. 1.164 तथा पुरूष सूक्त ऋ. 10-90 में मिलता है। इन सूक्तों का निष्कर्ष यज्ञ द्वारा अभिव्यक्त किया गया है। जिसमें सृष्टि का सार अन्तर्निहित है।

यज्ञेन यज्ञमयजन्त देवास्तानि धर्माणि प्रथमान्यासन्।
ते ह नाकं महिमानः सचंत यत्र पूर्वे साध्याः सन्ति देवाः।।

ऋ. 1.164.50, 10.90.16

यज्ञ से यज्ञ की उत्पत्ति होती है, इसमें प्रथम उत्पन्न देव अपने धर्म के अनुसार इस सृष्टि यज्ञ में प्रथम आसन ग्रहण करते हैं। इस यज्ञ मे, पूर्व में उत्पन्न देव ही अपनी महिमा से इसे विस्तारित करते हैं।

यहां यज्ञ से यज्ञ की उत्पत्ति से तात्पर्य है कि क्रिया - प्रतिक्रिया से क्रिया प्रतिक्रिया का जन्म तथा देवशब्द का उपयोग प्रकृति की आरम्भिक अवस्था में उत्पन्न पदार्थो के आधारभूत कणों के लिए किया गया है, जो क्रिया प्रतिक्रिया की श्रृंखला के द्वारा सृष्टि में विभिन्न पदार्थों के निर्माण का कारण है। जिस क्रिया प्रतिक्रिया के द्वारा उनका निर्माण होता है, उसी क्रिया प्रतिक्रिया के विपरीत दिशा में होने पर उनका विखण्डन भी होता है।

सृष्टि यज्ञ का आधार ऊर्जा है, इस तथ्य को ऋग्वेद के प्रारम्भ में ही रेखांकित किया गया है।

अग्निमीळे पुरोहितम् यज्ञस्य देवमृत्विजम्।
होतारं रत्नघातमम्।। ऋ. 1.1.1

मैं अग्नि का आवाह्न करता हूं, जो इस यज्ञ का पुरोहित, ऋत्विज - देवता और रत्नों की खान है।

यहां जिस ऊर्जा का आवाह्न किया जा रहा है वह मौलिक ऊर्जा है, जो सृष्टि यज्ञ का कर्ता अर्थात् पुरोहित, देवता और समस्त प्रदार्थो का जनक है। इसलिए उसे रत्नों की खान कहा गया है। एक मौलिक ऊर्जा के रुपान्तरण व्दारा संसार के भिन्न - भिन्न पदार्थो के निर्माण के कारण, समस्त पदार्थो में एक ऊर्जा ही अन्तर्निहित है। जिसे ऋग्वेद में "एकं सद्विप्रा बहुधा वदन्ति" वह एक ही भिन्न भिन्न रुपों में भास रहा है, के द्वारा अभिव्यक्त किया गया है, जिसे विद्वान भिन्न-भिन्न नामों से पुकारते हैं। प्रसिद्ध वैज्ञानिक अलबर्ट आईंस्टीन ने अपने सूत्र $E=mc^2$ अर्थात् पदार्थ और ऊर्जा एक दूसरे में परस्पर परिवर्तित हो सकते हैं, में इसी तथ्य को आधुनिक परिप्रेक्ष्य में प्रस्तुत किया है।

जिस ऊर्जा को सृष्टि यज्ञ में, यज्ञ का पुरोहित, देवता, रत्नों की खान कहा गया है, उसे ही सृष्टि निर्माण से सम्बन्धित सूक्तों में प्रजापति, विश्वकर्मा, हिरण्यगर्भ और पुरुष सूक्त में पुरुष के नाम से सम्बोधित किया गया है। इन सूक्तों में सृष्टि निर्माण की विषद् व्याख्या के पश्चात् यह कहा गया कि यह सृष्टि जहां से उत्पन्न हुई, अथवा इसका कोई आधार है या नहीं, यह सब कुछ वही जानता है, जो परम व्योम में सर्वत्र व्याप्त है या हो सकता है वह भी न जानता हो। -

ऋ. 10.129.7[1]

यहाँ स्पष्ट रुप में स्वीकार किया गया है कि सृष्टि निर्माण की तह तक पहुंचना और उसके आधार को परिभाषित करना तथ्य परक हो

---

1. इयं विसृष्टिर्यत आबभूव यदि वा दधे यदि वा न। यो अस्याध्यक्षः परमे व्योमन्त्सो अङ्ग वेद वा न वेद।। ऋ. 10.129.7

सकता है परन्तु प्रत्यक्ष रुप में इसका कोई भी साक्षी नहीं है। इसके साथ ही मौलिक ऊर्जा, जिससे सृष्टि का विकास हुआ, उसकी तरफ संकेत करते हुए कहा गया कि सृष्टि निर्माण की साक्षी होने से उसे इसका ज्ञान हो सकता है अथवा नही भी हो सकता है क्योंकि मौलिक ऊर्जा मे भावना का अभाव है।

यज्ञीय परम्परा का विराट रुप सृष्टि में सम्पन्न हो रहा है तथा उसका भौतिक प्रतिरुप वैदिक यज्ञीय कर्मकाण्ड है, जो अपने सूक्ष्म ऊर्जा रुप में प्रकृति के ऊर्जा स्वरुप को अभिव्यक्त करता हैं। यज्ञीय कर्मकाण्ड में उपयोगित विशिष्ट हवन सामग्री अपने विशिष्ट रसायनिक संगठन के कारण प्रकृति में क्या प्रभाव उत्पन्न करती है यह शोध का विषय है, परन्तु यह एक प्रत्यक्ष अनुभव है कि यज्ञ में उत्पन्न ऊर्जा सूक्ष्म जीवों और जीवाणुओं को नियंत्रित कर वातावरण को स्वच्छ करती है तथा हवा में उपस्थित आर्द्रता जो सूक्ष्म जीवों की वृद्धि में कारक है, उसे नियंत्रित करती है। यज्ञीय अनुष्ठान की प्रारम्भिक प्रक्रिया की विधियों से विदित होता है कि इनमें सृष्टि निर्माण का सूक्ष्म स्वरुप अन्तर्निहित है, जो संकेत मूलक है।

वैदिक ज्ञान के अनुसार सृष्टि निर्माण एक मौलिक ऊर्जा की क्रिया-प्रतिक्रिया का परिणाम है, जो समय के साथ एक क्रमबद्ध विकास की प्रक्रिया है। सृष्टि के इस ज्ञान को सांकेतिक रुप मे यज्ञीय परम्परा के द्वारा अभिव्यक्त किया जाता है। इसके अन्तर्गत सृष्टि निर्माण के क्रमबद्ध विकास को सम्भारों के द्वारा अभिव्यक्ति दी जाती है। यज्ञीय परम्परा मे सम्भारण वह प्रक्रिया है जिसके द्वारा यज्ञ प्रारम्भ होने के पूर्व यज्ञ वेदि तैयार की जाती है, जो पृथ्वी के निर्माण की सांकेतिक अभिव्यक्ति है।

यज्ञ वेदि और यज्ञ की प्रक्रिया तथा इसके विधि विधानों का विस्तृत वर्णन ब्राह्मण ग्रंथो मे मिलता है इसका आधारभूत प्रकरण अग्न्याधान प्रकरण है, जिसके प्रथम ब्राह्मण मे सम्भारों का उल्लेख है। तदन्तर अग्न्याधान हेतु उचित नक्षत्र और ऋतुओं आदि का वर्णन है।

ब्राह्मण ग्रंथ वेदों से सम्बंधित होकर वेदों के प्रतिपाध्य विषयो का कर्मकाण्ड़िय पक्ष प्रस्तुत करते हैं इसका मूल वेदों मे है। यज्ञ मे सर्व प्रथम अग्नि के आधान से तात्पर्य यही है कि सृष्टि का मूल आधार अग्नि-ऊर्जा है। इस ऊर्जा के तीन स्थान बताए गए है- आकाश, अन्तरिक्ष और पृथ्वी इन स्थानों की अग्नि को त्रैताग्नि-गार्हपत्य अग्नि (पार्थिव अग्नि), घिष्ण्य अग्नि (अन्तरिक्ष) और आहवनीय अग्नि (दिव्य अग्नि) कहते हुए यज्ञ कुण्ड़ मे सर्व प्रथम इनका आधान अग्न्याधान कहा जाता है। जिससे तात्पर्य है कि आकाश में सूर्य, अन्तरिक्ष में वायु और पृथ्वी पर पदार्थ ऊर्जा के स्त्रोत है। पृथ्वी के जिन पदार्थों में क्रम से ऊर्जा प्रविष्ट हुई उन्हे सांकेतिक रुप से सम्भारणो के द्वारा अभिव्यक्त किया गया। जिन्हे अपां सम्भार, हिरण्य सम्भार, ऊष (क्षार) सम्भार, आखुकरीष सम्भार तथा शर्करा सम्भार कहते है। यज्ञ मे मुख्य रुप से सर्वप्रथम इन पांच सम्भारों के लिए आवश्यक पदार्थों को भिन्न-भिन्न निर्देशित स्थानों से लाकर एकत्रित किया जाता है। जिस स्थान पर यज्ञ वेदि का निर्माण होना है, उस स्थान को पहले कंकर पत्थर, तृण आदि हटाकर साफ किया जाता है, यह पृथ्वी का यज्ञीय स्वरुप है, तदन्तर इस स्थान को जल से सींचते हैं, यज्ञीय भूमि को जल से सींचना एक बहुआयामी अभिव्यक्ति है, जिससे तात्पर्य है कि स्थूल पदार्थों में सर्वप्रथम जल उत्पन्न हुआ, जल की तीन अवस्थाएं- ठोस, द्रव और वाष्प से हम परिचित हैं, जल की एक और आयनीकृत अवस्था होती है, जिसे प्लास्मा कहा जाता है, सृष्टि में जल की इसी चतुर्थ अवस्था में जल का सर्वप्रथम निर्माण हुआ इस सन्दर्भ का उल्लेख ॠग्वेद के नासदीय सूक्तों में मिलता है।

तमिद्‌गर्भं प्रथमं दध्र आपो यत्र देवाः समगच्छन्त विश्वे।
अजस्य नाभवध्येकमर्पितं यस्मिन्विश्वानि भुवनानि तस्थुः।।

ॠ.10.82.6

जल ने सर्वप्रथम उसी विश्वकर्मा को गर्भ में धारण किया और वही समस्त देवता संगत हुए। उसी अजन्मा के नाभि मण्डल में एक

अण्ड की स्थापना हुई, और उसी ब्रह्माण्ड में सकल भुवन अवस्थित है।

सृष्टि सम्बन्धी प्रश्नों के उत्तर में इस ऋचा से स्पष्ट प्रतीत होता है कि सृष्टि में सर्व प्रथम जल की उत्पत्ति हुई, जल में ऊर्जा अन्तर्निहित है एतदर्थ कहा गया है कि उसने सर्वप्रथम उसी ऊर्जा को गर्भ में धारण किया। अपां सम्भारण यही प्रदर्शित करता है। इसके पश्चात् यज्ञीय भूमि में स्वर्ण रखा जाता है, इसका सन्दर्भ हिरण्यगर्भ सूक्त में मिलता है। हिरण्यगर्भ से तात्पर्य है सुवर्ण बीज, इस सूक्त में जल को सृष्टि का आधार बताया गया है।

आपो ह यद्बृहतीर्विश्वमायन्गर्भे दधाना जनयन्तीरग्निम्। ततो
देवानां समवर्ततासुरेक:

–ऋ. 10.121.7

वही महान जल तत्व आपो देवता जिसने हिरण्यगर्भ को धारण कर अग्नि को जन्म दिया और उसी से सकल देवताओं में प्राण संचार हुआ।

यहां हिरण्यगर्भ से तात्पर्य सृष्टि की प्रारम्भिक अवस्था में निर्मित 'नेबुला' से है। नेबुला में ऊर्जा की उत्पत्ति और तद्नुसार सौरमण्डल के ग्रहों की उत्पत्ति हुई, एतदर्थ सांकेतिक रुप से हिरण्यगर्भ को स्वर्ण सम्भारण के द्वारा अभिव्यक्त किया जाता है।

सौरमण्डल के अस्तित्व में आने के पश्चात् ही पृथ्वी का निर्माण प्रारम्भ हुआ। पृथ्वी की प्रारम्भिक अवस्था में जैसा कि ज्ञात है, पृथ्वी एक गैस के पिण्ड के रुप में थी। इस गैसीय अवस्था में क्षारों का निर्माण हुआ, जो वाष्प और गैसों के ठण्डे होने के साथ जल में घुल गए। क्षारों की पृथ्वी के दृढ़ीकरण में प्रमुख भूमिका होती है एतदर्थ ऊष-क्षार सम्भारण किया जाता है, जो पृथ्वी पर क्षार और समुद्र के अविर्भाव का द्योतक है। इसके पश्चात् चूहे के बिल की मिट्टी- आखुकरीष का सम्भारण किया जाता है। इससे तात्पर्य है कि प्रकृति मे चूहे पृथ्वी के अन्दर जाकर उसके रस युक्त भाग को खाकर उसके निरस भाग को

बिल के बाहर फेंक देते हैं यही यज्ञीय मिट्टी है यह मिट्टी चिकनी और महीन होती है, अर्थात् जल में महीन मिट्टी जैसे पदार्थो का निर्माण हुआ, जिससे जल की सांद्रता मे वृद्धि होती है। यह अवस्था भी ठोस अवस्था नहीं थी। आखुकरीष सम्भारण के पश्चात् शर्करा बालू रेत का सम्भारण किया जाता है, बालू ठोस होती है, जो पृथ्वी के दृढीकरण का द्योतक है। जिससे तात्पर्य है कि पृथ्वी के दृढीकरण के साथ सृष्टि यज्ञ प्रारम्भ हुआ। इस सृष्टि यज्ञ में, जो पृथ्वी पर सम्पन्न हो रहा है इसमें मुख्य रुप से सौर मण्डल के सात ग्रहों की विद्युत चुम्बकीय ऊर्जा समीधा के रुप में भाग लेती है। इसे सांकेतिक रुप से यज्ञ वेदी में सात लकड़ियो के द्वारा अभिव्यक्त किया जाता है। जिसमें एष्टिक आहवनीय की तीन, उत्तर वेदि की तीन तथा मध्य में सातवीं आदित्य परिधि की परिचायक है। सौर मण्डल में पृथ्वी के कक्ष के एक तरफ तीन ग्रह तथा तीन ग्रह दूसरी तरफ एवं केन्द्र में सूर्य है। इसी की सांकेतिक अभिव्यक्ति यज्ञ वेदि में इन सात लकड़ियों के द्वारा की जाती है। जिसका सन्दर्भ पुरुष सूक्त में मिलता है।

सप्तास्यासन्परिधयस्त्रिः सप्त समिधः कृताः।
देवा यद्यज्ञं तन्वानां अबध्नन्पुरुषं पशुम्।।

ऋ. 10.90.15

सृष्टि यज्ञ को विस्तारित करने वाले देवों में उस पुरुष को पशु रुप में बांध लिया। इस यज्ञ के सात आसन तीन परिधियाँ तथा इक्कीस समिधाएँ हैं।

यहां सात आसन से तात्पर्य सात ग्रहों से है तथा इक्कीस समिधा से तात्पर्य बारह महीने, पांच ऋतुएं, तीन स्थान - आकाश, अन्तरिक्ष, पृथ्वी तथा सूर्य से है। क्योंकि जहां सृष्टि को सूर्य पूर्ण रुप से प्रभावित करता है, वहीं एक सौर मण्डल के घटक ग्रह एक दूसरे से अन्तर्सम्बन्धित होने के कारण सृष्टि यज्ञ में भाग लेते हैं। इनकी क्रिया प्रतिक्रिया सूर्य के अपने अक्ष पर भ्रमण, जिसे संवत्सर काल या बारह महीने का काल कहा जाता है, ऋतुएं, जो पृथ्वी पर मौसम का कारक है तथा ऊर्जा के तीन स्थान

आकाश, अन्तरिक्ष और पृथ्वी सृष्टि यज्ञ में समिधा के रुप में भाग लेते हैं जिसका तात्पर्य है सृष्टि यज्ञ को विस्तारित करने से हैं। सृष्टियज्ञ में देवों ने पुरुष को पशु रुप में बांध लिया से तात्पर्य है कि मौलिक ऊर्जा तत्वों, और पदार्थो में अन्तर्निहित हो गई। क्योंकि वेदों में देव शब्द का उपयोग सृष्टि के आधारभूत कणों के लिए किया गया है। जिनके द्वारा पदार्थों का निर्माण होता है।

यज्ञ वेदि में सृष्टि की सांकेतिक अभिव्यक्ति के उपरान्त सूर्योदय के पूर्व वेदि में अरणि मंथन के द्वारा अग्नि का आधान किया जाता है, इस प्रक्रिया में उपले-सुखा गोबर, रुई, काष्ट एवं कपूर इत्यादि में घर्षण के द्वारा अग्नि उत्पन्न की जाती है, जिससे तात्पर्य है कि सृष्टि की प्रारम्भिक अवस्था में घर्षण द्वारा अग्नि उत्पन्न हुई। वेदि में अग्नि प्रज्वलित होने पर जौ, तील, ताण्डुल (धान), शकर, गुग्गल, छबील तथा कपूर को एक निश्चित अनुपात में घी के साथ मिलाकर तैयार की गई हवन सामग्री के साथ घी की आहुति दी जाती है। हवन सामग्री और घी से तात्पर्य है वे पदार्थ जिनमें ऊर्जा विशिष्ट रुप में है तथा घी में ऊर्जा की अधिकता के कारण यह सोम ऊर्जा का प्रतीक है, सोम मौलिक ऊर्जा का ही एक नाम भी है। अर्थात् इसमें यह संकेत अन्तर्निहित है कि अग्नि और सोम की क्रिया प्रतिक्रिया इस सृष्टि यज्ञ का मूल आधार है। जिसे अग्नि सोमात्मक जगत् के द्वारा वेदों में अभिव्यक्त किया गया है। इसमें यह संकेत भी है कि संसार का प्रत्येक पदार्थ दो प्रकार की ऊर्जा के संयोग से निर्मित हुआ है। तापक्रम में वृद्धि के साथ ये पदार्थ विखण्डित होते हैं और ऊर्जा का रुपान्तरण होता है। वैदिक यज्ञीय कर्मकाण्ड विराट सृष्टि यज्ञ का सांकेतिक प्रारुप है, यह सृष्टि विश्लेषण सूक्त ऋ. 1.164 में सृष्टि सम्बन्धी पुछे गए प्रश्न और उनके उत्तर में भी परिलक्षित होता है।

पृच्छामि त्वा परमन्तं पृथिव्याः पृच्छामि यत्र भुवनस्य नाभिः।

पृच्छामि त्वा वृष्णो अश्वस्य रेतः पृच्छामि वाचः परमं व्योम।।

ऋ. 1.164.34

मैं आपसे यह पूछता हूं कि इस पृथ्वी का अन्तिम अन्त क्या है। मैं यह भी पूछता हूं कि इस भुवन का नाभि केन्द्र कहां है। मैं आपसे यह पूछता हूं कि उस बलवान अश्व का बल कहां है। मैं आपसे यह भी पूछता हूं कि वाणी का अन्तिम आकाश कहां है।

इस ऋचा में सृष्टि विषयक गंभीर प्रश्न कि पृथ्वी की अन्तिम पराकाष्ठा क्या है, सृष्टि के संचालन का केन्द्र कहां है सूर्य आदि को खींचकर ले जाने वाले बलवान अश्व का बल क्या है, तथा वाणी का अन्तिम आकाश कहां है अर्थात् वाणी कहां तक पहुंचती है। इन्हीं सृष्टि सम्बन्धी प्रश्नों के उत्तर यज्ञ वेदि के माध्यम से दिए गए हैं।

इयं वेदिः परो अन्तः पृथिव्या अयं यज्ञो भुवनस्य नाभिः।
अयं सोमो वृष्णो अश्वस्य रेतो ब्रह्मायं वाचः परमं व्योम।।

ऋ. 1.164.35

यह यज्ञ वेदि पृथ्वी की अन्तिम पराकाष्ठा है, यह यज्ञ भुवनों का नाभि केन्द्र है। यह सोम बलशाली अश्व का बल है। ब्रह्म वाणी का अन्तिम आकाश स्थान है।

यहां यज्ञ वेदि को लक्ष्य कर इसे ही पृथ्वी की अन्तिम पराकाष्ठा बताया गया है, इससे तात्पर्य है कि यज्ञीय प्रक्रिया में ही पृथ्वी का अन्त अन्तर्निहित है। यज्ञ ही संसार ब्रह्माण्ड का नाभि केन्द्र है, इससे तात्पर्य है सृष्टि में सम्पन्न हो रही क्रिया - प्रतिक्रिया के फलस्वरुप उत्पन्न ऊर्जा में बह्माण्ड का केन्द्र अन्तनिर्हित है। सृष्टि को खिंचने वाले बलशाली अश्व का बल सोम है, इससे तात्पर्य है कि जिस प्रकार घृत में सोम ऊर्जा की अधिकता के कारण यज्ञ वेदि में अग्नि तीव्रता से प्रज्वलित होती है, उसी प्रकार सोम ही बलशाली अश्व का बल है, जो सूर्य आदि ग्रहों को गति प्रदान करता है। वाणी का अन्तिम आकाश ब्रह्म है, इससे तात्पर्य है कि ब्रह्म अर्थात् जिस अलौकिक ऊर्जा से सृष्टि का आविर्भाव हुआ वही वाणी का अन्तिम आकाश है। अर्थात शब्द ऊर्जा अविनाशी है, जो स्थान सृष्टि में मौलिक ऊर्जा का है, वही स्थान वाणी का अन्तिम आकाश है।

वैदिक यज्ञीय कर्मकाण्ड में सृष्टि यज्ञ के ज्ञान को संरक्षित करना भी एक उद्देश्य था, इसे अभिष्ट सिद्धी के साथ जोड़ने से यज्ञ का स्वरुप समय के साथ विकृत होता गया, जो शोषण का पर्याय होकर सामने आया, अन्यथा हवन सामग्री और समीधा के रुप में उपयोगित विशिष्ट पदार्थ, काष्ठ तथा विशिष्ट मंत्रोच्चार की धवनि में सृष्टि विषयक विशेष अर्थ सन्निहित हो सकते है। यह सृष्टि विषयक वैदिक ज्ञान की आधुनिक विज्ञान के साथ साम्यता मे परिलक्षित होता है। आधुनिक विज्ञान के अनुसार ध्वनि एक ऊर्जा है, जो प्रतिध्वनि के द्वारा सम्बन्धित पदार्थों के अणुओं और परमाणुओं में प्रभाब उत्पन्न करती है, इसे 'फोनो एटामिक प्रभाव' कहा जाता है। संभव है मंत्रोच्चार की ध्वनि अपनी विशिष्ट आवृत्ति के अनुसार यज्ञ में प्रज्वलित अग्नि से उत्पन्न ऊर्जा के साथ मिलकर सृष्टि में विशिष्ट प्रभाव उत्पन्न करती हो?

वैदिक यज्ञीय कर्मकाण्ड के माध्यम से सृष्टि यज्ञ की उत्पत्ति और इस संभावित वैज्ञानिक पहलू पर ध्यान इसलिए भी औचित्यपूर्ण है कि आधुनिक 'ग्रीन हाउस प्रभाव' के कारण पृथ्वी के तापक्रम मे वृद्धि के परिणाम स्वरुप पृथ्वी की नियति, पृथ्वी पर जीवन रक्षक ओजोन पर्त तथा पृथ्वी की चुम्बकीय परिधि का उल्लेख अथर्व वेद के सृष्टि सम्बन्धी सूक्तों 10.8-36, 39, 40 में मिलता है। अर्थात वैदिक संस्कृति को इनका ज्ञान था और इन परिस्थितियों का सामना उन्होंने अवश्य किया होगा। इस सन्दर्भ में मेंक्स प्लांक सोसाइटी के हेम्बर्ग स्थित मौसमी शोध केन्द्र की रिपोर्ट कि पृथ्वी पर अट्ठारह हजार वर्ष पूर्व 'ग्रीनहाउस प्रभाव' के कारण हिम युग आया था (जर्मन समाचार सितम्बर, 89) उल्लेखनीय है तथा नीदरलैण्ड के वैज्ञानिकों ने ध्वनि तरंगों के द्वारा मिट्टी के तेलिय प्रदूषण को को दूर करने की तकनीक का विकास किया है। (न्यू साइन्टिस्ट वाल्यूम 146) भी ध्यान देने योग्य है अर्थात वैदिक ज्ञान पर वैज्ञानिक दृष्टि निरर्थक नहीं है वरन् वैदिक ज्ञान में पृथ्वी की समस्याओं का समाधान भी मिल सकता है। क्योंकि सृष्टि यज्ञ तन्त्र में सृष्टि का मूल आधार समाहित है।

10

पुरुष सूक्त - वैदिक ज्ञान की कुंजी

विश्व के बुद्धिजीवी और विद्वान एक मत से यह स्वीकार करते हैं कि विश्व में वेद, मानव सभ्यता के प्राचीनतम साहित्यिक दस्तावेज है। वेद शब्द 'विद्' धातु से बना है, जिसका अर्थ है 'ज्ञान'। सामान्यतः वेदों को धार्मिक ग्रन्थों की संज्ञा दी जाती है, तद्नुसार इन्हें अपौरुषेय माना जाता है। आधुनिक युग में धर्म की अवधारणा अत्यन्त संकुचित रुप में ली जाती है। एतदर्थ वेदों को धर्म के संकुचित दायरे के अन्तर्गत ही देखा जाता है। जबकि वेद पृथ्वी पर मानव सभ्यता के प्राचीनतम विचारों और ज्ञान को अपने में समेटे होने के कारण पृथ्वी पर मानव मात्र की धरोहर है।

आज तक वेदों पर कई भाष्य लिखे गए, परन्तु कोई भी भाष्य वेदों में अन्तर्निहित ज्ञान को पूर्ण रुप से उद्घाटित करने में समर्थ नहीं हुआ। क्योंकि वेदों की रचना सृष्टि का समस्त ज्ञान प्राप्त होने के पश्चात् हुई, एतदर्थ वेदों की ऋचाओं में अन्तर्निहित संकेतों को समझने के लिये तत्सम्बन्धी, सम्पूर्ण ज्ञान होना आवश्यक है। वेदों में अन्तर्निहित ज्ञान सूत्रात्मक, संकेतात्मक होने के साथ-साथ पहेलियों और रुपकों के रुप में है। अधिकांश भाष्यकारों के भाष्य वेदों के शब्दार्थ पर आधारित होने के कारण वे मूल से भटक कर रह गए। इसके साथ ही वेदों को धार्मिक और अध्यात्मिक ग्रन्थ मानते हुए ऋचाओं के अर्थ अध्यात्मिक रुप में ग्रहण किए गए। पाश्चात्य विद्वानों के भाष्य अधिकांश सायण भाष्य पर आधारित है तथा भारतीय संस्कृति का पूर्ण ज्ञान न होने से वे भी शब्दों

के अर्थो में उलझ कर रह गए। कहने का तात्पर्य यह है कि किसी भी भाष्यकार को वैदिक ज्ञान की पहेलियों को बुझने की कुंजी प्राप्त नहीं हुई। हकीकत में परम्पराओं से अलग हटकर आधुनिक विज्ञान के सन्दर्भ में वेदों का अध्ययन किया जाए तो वेदों की ऋचाओं के अर्थ बुद्धिगम्य हो सकते हैं।

वेदों के अध्ययन से ज्ञात होता है कि वैदिक मनीषियों को सृष्टि और प्रकृति की कार्यप्रणाली का सम्पूर्ण ज्ञान था। जिसका आभास वेदों के सृष्टि सम्बन्धी ज्ञान से होता है, जिसका वर्णन नासदीय सूक्तों में मिलता है। वैदिक ज्ञान के अनुसार सृष्टि का आविर्भाव और विकास एक प्राकृतिक अभिक्रिया है, जो प्रकृति के घटकों की क्रिया-प्रतिक्रिया का स्वाभाविक परिणाम है। 'पुरुष सूक्त' वेदों का महत्वपूर्ण सूक्त है, जिसमें सृष्टि ज्ञान का सारांश सोलह ऋचाओं में समाहित है। यदि यह कह जाए कि वैदिक ज्ञान को उद्घाटित करने की कुंजी पुरुष सूक्त है तो अतिशयोक्ति नहीं होगी तथा पुरुष सूक्त की कुंजी इसकी अन्तिम ऋचा में है।

यज्ञेन यज्ञमयजन्त देवास्तानि धर्माणि प्रथमान्यासन्।

ते ह नाकं महिमानः सचन्त यत्र पूर्वे साध्याः सन्ति देवाः।।

ऋग्वेद - 10.90.16

यज्ञ से यज्ञ की उत्पत्ति होती है। इस में अपने धर्म-विहीत कार्य के अनुसार देव (आवेषित ऊर्जा कण) प्रथम आसन ग्रहण करते हैं। इस यज्ञ मे पूर्व में उत्पन्न देव (आवेषित कण) ही अपनी महिमा से यज्ञ को विस्तारित करते हैं।

यज्ञ से तात्पर्य है क्रिया-प्रतिक्रिया, सृष्टि को आज हम जैसा जिस रुप में जानते हैं, एक ऊर्जा की क्रिया-प्रतिक्रिया का फल है। इसी तथ्य की तरफ पुरुष सूक्त में संकेत अन्तर्निहित है।

पुरुष सूक्त में एक मौलिक ऊर्जा को जिसे सृष्टि निर्माण से सम्बन्धित, नासदीय सूक्तों में प्रजापति, विश्वकर्मा, हिरण्यगर्भ आदि नामों

से सम्बोधित किया गया है, उसे ही पुरुष सूक्त में पुरुषाकृति में पुरुष के नाम से सम्बोधित कर सृष्टि, प्रकृति और ब्रह्माण्ड के विभिन्न घटकों की उत्पत्ति, उसके विभिन्न अवयवों के माध्यम से बताते हुए यह संकेत दिया गया है कि सृष्टि और प्रकृति के समस्त घटक, इस एक ऊर्जा के रुपान्तरण के व्दारा निर्मित होने के कारण परस्पर अन्तर्सम्बन्धित है। इसे अभिव्यक्त करने के लिये मौलिक ऊर्जा की कल्पना मनुष्य आकृति में की गई, जिससे तात्पर्य है कि मनुष्य शरीर की कार्यप्रणाली के माध्यम से ब्रह्माण्ड की कार्यप्रणाली का ज्ञान प्राप्त किया जा सकता है, जो एक दूसरे से अन्तर्सम्बन्धित है। अर्थात् मनुष्य शरीर इस ब्रह्माण्ड रुप विशाल तन्त्र का सूक्ष्म रुप है, जिसे अन्य ग्रन्थों में 'यतपिण्डे तत्ब्रह्माण्डे' जो पिण्ड में है वही ब्रह्माण्ड है के द्वारा अभिव्यक्त किया गया। अर्थात् जो पदार्थ और ऊर्जा सृष्टि में व्याप्त है, वे शरीर के अंदर भी है। पुरुष सूक्त में अन्तर्निहित संकेतों को आधुनिक विज्ञान के ऊष्मा संबंधी सिद्धान्तों के आधार पर समझा जा सकता है। ऊष्मा संबंधी प्रथम सिद्धान्त के अनुसार ऊर्जा को न तो नष्ट किया जा सकता है और न ही उत्पन्न किया जा सकता है। इसके द्वितीय नियम के अनुसार ऊर्जा का रुपान्तरण संभव है, परन्तु प्रत्येक रुपान्तरण के साथ उसका कुछ भाग ऊष्मा के रुप में क्षरित होता है। इसके साथ ही ब्रह्माण्ड में ऊर्जा की एक निश्चित मात्रा है, जिस स्थान पर ऊर्जा का रुपान्तरण होता है, उतनी ही ऊर्जा की मात्रा में अन्य स्थान पर कमी हो जाती है अर्थात् सम्पूर्ण सृष्टि ऊर्जा का प्रतिरुप है। संसार के महान वैज्ञानिक अलबर्ट आईसटीन के अनुसार $E=mc^2$ अर्थात् ऊर्जा और पदार्थो का परस्पर विनिमय संभव है, जो क्रिया - प्रतिक्रिया का परिणाम है।

पुरुष सूक्त के प्रथम चरण में ऊर्जा के सिद्धान्तों को अभिव्यक्त किया गया है, दूसरे चरण में ऊर्जा के रुपान्तरण के द्वारा सृष्टि के विभिन्न घटकों की उत्पत्ति की तरफ संकेत किया गया है। तृतीय चरण में मनुष्य शरीर और ब्रह्माण्ड में समानता बताते हुए सृष्टि की कार्यप्रणाली की तरफ संकेत किया गया है तथा चतुर्थ चरण में सृष्टि का सार दिया गया है।

सहस्राशीर्षा पुरुषः सहस्राक्षः सहस्रपात्।

स भूमिं विश्वतो वृत्वात्यतिष्ठद्दशांगुलम्।।

ऋ. 10.90.1

पुरुष सूक्त की प्रथम ऋचा में मौलिक ऊर्जा को हजारों सिर, हजारों आंखों, हजारों पांव के माध्यम से इस ऊर्जा की सर्वव्यापकता की तरफ संकेत किया गया है, वह भूमि और ब्रह्माण्ड को चारों तरफ से आवृत कर उसके उपर भी व्याप्त है।

पुरुष एवेदं सर्वं यदभूतं यच्च भाव्यम्।

ऋ. 10.90.2

यह पुरुष- मौलिक ऊर्जा ही सब कुछ है, जो कुछ भी पहले था और भविष्य मे होगा वह यह पुरूष-मौलिक ऊर्जा ही है। अर्थात यहां ऊर्जा के सनातन स्वरूप को अभिव्यक्त किया गया है, यह अमृत का स्वामी अर्थात अविनाशी है।

पादोऽस्य विश्वा भूतानि त्रिपादस्यामृतं दिवि।।

ऋ. 10.90.3

यह जो दृश्य जगत है वह सिर्फ इसका एक अशं है शेष तीन चौथाई भाग इसके ऊपर विनाशरहित होकर अभिव्याप्त है अगली ऋचा मे इसे ही अधिक स्पष्ट कर बताया गया है कि दृश्य जगत मे व्याप्त उसका एक चौथाई भाग ही रूपान्तरित होता रहता है। जिससे तात्पर्य है कि सृष्टि के कार्य एक ऊर्जा तन्त्र के अन्तर्गत सम्पन्न होते हैं।

तस्माद् विराळजायत विराजो अधि पूरुषः।

ऋ. 10.90.5 क

मौलिक ऊर्जा जो सर्वत्र व्याप्त है उसी से विराट ब्रह्माण्ड की उत्पत्ति हुई और उस विराट में स्वयं उत्पन्न होकर वह ब्रह्माण्ड के घटकों में व्याप्त हो गया अर्थात् यहां संकेत किया गया है कि सृष्टि के अविर्भाव

की प्रारम्भिक स्थिति में सर्व व्याप्त मौलिक ऊर्जा के द्वारा ही विराट ब्रह्माण्ड का अस्तित्व था इस मौलिक ऊर्जा की क्रिया प्रतिक्रिया के फलस्वरुप जो पदार्थ उत्पन्न हुए उनमें यह ऊर्जा अन्तर्निहित थी। जिसे यह कहकर अभिव्यक्त किया गया है कि उससे विराट की उत्पत्ति हुई और वह विराट में उत्पन्न हुआ।

यत् पुरुषेण हविषा देवा यज्ञमतन्वत।

वसन्तो अस्यासीदाज्यं ग्रीष्मः इध्म शरद्हविः।।

ऋ. 10.90.6

इस ऋचा में यह स्पष्ट किया है कि जब देवों ने यज्ञ का विस्तार किया तो बसन्त इसका घी, ग्रीष्म ईंधन और शरद हवि था।

देव से यहां तात्पर्य है सृष्टि की प्रारम्भिक अवस्था में उत्पन्न सृष्टि के आधारभूत ऊर्जा कण, इनकी क्रिया प्रतिकिया ऊष्मा में परिवर्तन के अनुसार उत्प्रेरित होती है, इस प्रभाव को ऋतुओं के माध्यम से अभिव्यक्त किया गया है। तापक्रम मे परिवर्तन को ईंधन और हवि कहा गया है।

देव - आधारभूत ऊर्जा कणों की उत्पत्ति और ऋतुओं अर्थात् तापक्रम में परिवर्तन को सूक्ष्म प्रकृति कहा गया है, सूक्ष्म प्रकृति और मौलिक ऊर्जा परस्पर क्रियाशील होकर प्रकृति के विभिन्न पदार्थों के निर्माण में सहायक होते हैं और प्रकृति अस्तित्व में आती है। इसी आधार पर सृष्टि को प्रकृति-पुरुषात्मक अर्थात् मैथुनी सृष्टि कहा गया है। इस तथ्य को पुरुष सूक्त में यह कह कर अभिव्यक्त किया गया कि सृष्टि यज्ञ में प्रथम उत्पन्न पुरुष-मौलिक ऊर्जा को अभिषिक्त कर देवों ने यज्ञ को विस्तारित किया। जिससे तात्पर्य है कि प्रकृति में उत्पन्न पदार्थ मौलिक ऊर्जा से प्रेरित होकर क्रिया करते हैं, इसी यज्ञ - क्रिया-प्रतिक्रिया के फलस्वरुप सृष्टि के समस्त पदार्थों की उत्पत्ति बताते हुए यह कहा गया कि इसी से पशु पक्षी आदि के जीवन चक्र उत्पन्न हुए।

पशून्तॉश्चक्रे वायव्यानाराएयान्ग्राम्याश्च ये।।

ऋ. 10.90.8

वेदों में जीवित प्राणियों को पशु कहा गया है। मुख्य रुप से पांच प्रकार के पशु माने जाते हैं - मनुष्य, अश्व, गौ, अज (भेड़ - बकरी) तथा अवि (उस पशु प्राण का नाम है, जो पौधों को स्वपोषी बनाता है) 10.90.10 ऋ इसका संकेत अर्थववेद मे मिलता है।

अविर्वै नाम देवतर्तेनास्ते परिवृता।

तस्या रुपेणेमे वृक्षा हरिता हरितस्रजः।।

अथ. 10.8.31

अवि नाम का देवता ऋत के सिद्धांत के अनुसार घिरा हुआ स्थित है। उस देवता के रुप स्वभाव से वृक्ष हरे और फलयुक्त होते हैं।

इन सभी की उत्पत्ति मौलिक ऊर्जा से बताने के पश्चात् यह अभिव्यक्त किया गया कि जब मौलिक ऊर्जा की कल्पना पुरुषाकृति में की जाती है तो सृष्टि में उस पुरुष का मुख क्या है? हाथ क्या है, जांघ क्या है और चरण क्या है। इसका उत्तर मनुष्यों के मानसिक स्तर के अनुसार उन्हें ब्राह्मण - मुख, क्षत्रिय - हाथ, वैश्य - जांघ के समकक्ष कहकर अभिव्यक्त किया गया अर्थात् मनुष्य का मानसिक और शारीरिक स्तर शरीर में मौलिक ऊर्जा की क्रियाशीलता पर निर्भर है। जिसके अनुसार समाज में उसका स्थान होता है। अन्यथा सभी की उत्पत्ति शुद्र, रुप में चरणों से होती है

अगली ऋचाओं में मनुष्य शरीर और ब्रह्माण्ड में परस्पर समानता प्रदर्शित करते हुए, यह संकेत दिया गया है कि जिस सिद्धान्त के आधार पर ब्रह्माण्ड क्रियाशील है, उसी सिद्धान्त के आधार पर मनुष्य शरीर कार्य कर रहा है। अर्थात् मनुष्य शरीर के विकास का पूर्ण ज्ञान होने पर सृष्टि का ज्ञान हो सकता है और सृष्टि का पूर्ण ज्ञान होने पर मनुष्य शरीर का ज्ञान हो सकता है।

अन्तिम दो ऋचाओं में पृथ्वी पर सम्पन्न हो रहे सृष्टि यज्ञ में भाग लेने वाले मुख्य कारकों की तरफ संकेत करते हुए अन्त में यह स्पष्ट किया गया है कि क्रिया-प्रतिक्रिया से क्रिया-प्रतिक्रिया उत्पन्न होती है, जिसमें पूर्व में उत्पन्न देव पदार्थ जिन्होंने सृष्टि की प्रारम्भिक अवस्था में सृष्टि के विकास को गति प्रदान की वे ही अपनी महिमा से अर्थात् अपनी क्रिया से इस सृष्टि यज्ञ को विस्तारित करते हैं।

सप्तास्यासन्परिधयस्त्रिः सप्त समिधः कृताः।

ऋ. 10.90.15

इस सृष्टि यज्ञ के सात आसन, तीन परिधियां तथा इक्कीस समिधा से तात्पर्य है कि सृष्टि में क्रिया - प्रतिक्रिया के सात मुख्य स्थान है, जिससे तात्पर्य है। सौर मण्डल के सात मुख्य ग्रह इसकी तीन परिधि यों से तात्पर्य है - आकाश, अन्तरिक्ष और पृथ्वी जहां क्रिया - प्रतिक्रियाओं को गति प्राप्त होती है तथा इक्कीस समिधाओं से तात्पर्य है प्राकृतिक शक्तियां, जिनके द्वारा सृष्टि के कार्य सम्पन्न होते हैं। सृष्टि में भाग लेने वाली इन्हीं शक्तियों को सांकेतिक भाषा में विभिन्न नामों और आकृतियों के माध्यम से ऋग्वेद में अभिव्यक्त किया गया है अर्थात् जिस प्रकार से पुरुष सूक्त में मौलिक ऊर्जा को मनुष्य की आकृति में अभिव्यक्त किया गया है, उसी प्रकार प्रकृति के विभिन्न घटकों को उनकी शक्तियों के अनुरुप आकृतियों और उनके अवयवों के माध्यम से, उनकी कार्य प्रणाली की तरफ संकेत किया गया है। पुरुष सूक्त का समापन यज्ञ से यज्ञ की उत्पत्ति के द्वारा किया गया है, जिससे तात्पर्य है कि सृष्टि में क्रिया-प्रतिक्रियाओं का अनवरत सिलसिला चल रहा है, जो एक तन्त्र के अन्तर्गत क्रियाशील है। इस तन्त्र को एक मौलिक ऊर्जा प्रेरित और नियंत्रित करती है।

स सूर्यः पर्युरु वरांस्येन्द्रों ववृत्याद्रथ्येव चक्रा।

ऋ. 10.89.2

यो अक्षणेव चक्रिया शचिभिर्विष्वक्तस्तम्भ पृथिवीमुतद्यां।

ऋ. 10.89.4

वह सूर्य आदि को रथ के चक्के के समान चलाता और घूमाता है जैसे सारथी रथ के चक्र को चलाता है। वह पृथ्वी और आकाश को थामे हुए है जैसे अक्ष रथ के चक्र को थामे रखता है। इससे तात्पर्य है कि सृष्टि एक ऊर्जा तंत्र है और सृष्टि में हो रही क्रियाओं को एक ऊर्जा प्रेरित और नियन्त्रित करती है। यही वैदिक ज्ञान का सार है।

आधुनिक 'पर्यावरण शास्त्र' के अनुसार पृथ्वी एक बृहत परिस्थितिकी तंत्र है, इसे ही वेदों में ऊर्जा तंत्र के माध्यम से अभिव्यक्त किया गया है। ऋग्वेद और अथर्ववेद के सृष्टि सूक्तों ऋ. 1.164, ऋ.10.72, 81, 82, 90, 121 तथा 129 और अथर्ववेद 10.7 तथा 8 मे सृष्टि निर्माण का विस्तृत उल्लेख मिलता है। इन सूक्तो मे इस एक मौलिक ऊर्जा को प्रजापति, विश्वकर्मा, हिरण्यगर्भ, पुरुष तथा स्कम्भ आदि नामों से सम्बोधित किया गया है। तद्नुसार सृष्टि का निर्माण एक प्राकृतिक अभिक्रिया है, जो एक मौलिक ऊर्जा की क्रिया-प्रतिक्रिया के फलस्वरुप क्रमशः समय के अनुरुप अस्तित्व मे आती है। विकास की इस प्रक्रिया मे प्रकृति और प्रकृति की शक्तियाँ सृष्टि के निर्माण में कारण और सहायक हैं। सृष्टि निर्माण का वर्णन और तत्तसम्बंधी प्रश्नो के उत्तर देते हुए यह भी कहा गया कि यह सृष्टि जहाँ से उत्पन्न हुई, अथवा इसका कोई आधार है या नहीं, यह सब कुछ वही जानता है, जो सर्वत्र व्योम मे व्याप्त है, हो सकता है वह भी न जानता हो ऋ. 10.129.7 यहाँ मौलिक ऊर्जा की सर्वव्यापकता की तरफ संकेत करते हुए मानवीय सीमाओं को स्वीकार किया गया है क्योंकि मौलिक ऊर्जा मे भावनाओ का आभाव है, इसलिए कहा गया है कि 'हो सकता है, वह भी न जानता हो।'

सृष्टि का उद्भव और विकास एक मौलिक ऊर्जा से प्रतिपादित करने के पश्चात प्रकृति को अदिति के नाम से सम्बोधित करते हुए कहा गया कि 'इस सृष्टि मे जो कुछ भी है और जो कुछ भी भविष्य मे होगा,

वह प्रकृति ही है। ऋ. 10.89.10' अर्थात सृष्टि पर एक मौलिक ऊर्जा का नियंत्रण होने के बावजुद प्रकृति को सर्वोपरि माना गया है, जिसके अंतर्गत पृथ्वी पर जीवन का विकास होता है।

सृष्टि और प्रकृति मे जिन घटक तत्वो का निर्माण होता है, वे कालांतर मे पुनः सृष्टि मे लय हो जाते है और एक नया क्रम पुनः प्रारंभ हो जाता है। इस सृष्टि चक्र मे जिन घटकों या जिनके द्वारा संगति करण, विखंडन और पुर्नसंयोजन होता रहता है, इनका वर्णन ऋग्वेद के दशम मंडल के सूक्त ऋ. 10.65 एवं 66 मे मिलता है।

अग्निरिंद्रों वरुणो मित्रो अर्यमा वायुः पूषा सरस्वती सजोषसः।

आदित्या विष्णुर्मरुतः स्वर्बृहत्सोमो रुद्रो अदितिर्ब्रह्मणस्पतिः।।

ऋ. 10.65.1

भावार्थ - अग्न्यादय आदित्याद्यो बृहद्दहती स्वर्द्योश्च सोमादय एते देवाः सजोषसः संहत्य!!

अग्नि (अग्नि), इन्द्रः (विधुत), वरूणः (जल) मित्रः (अन्न), अर्यमा (सूर्य), वायुः (वायु), पूषा (पृथ्वी), सरस्वती (माध्यमिका वाक्), आदित्याः (12 आदित्य), विष्णुः (व्यापक आकाश), मरूतः (मरूत् गण), स्वर्बृहत्सोमो (स्वप्रकाश महान औषधियाँ), रूद्रः (प्राणः), आदि तथा प्रकृति और ब्रह्माण्ड का पालक प्रभु संगत हुए इस सृष्टि में सर्वत्र उपस्थित हैं।

वेद, असीम ज्ञान के भंडार हैं, यह वेदों के सृष्टि और प्रकृति सम्बन्धी ज्ञान और उसकी तुलना आधुनिक विज्ञान के साथ करने पर स्पष्ट प्रतीत होता हैं। परन्तु दुर्भाग्य यह है, कि प्रारम्भ से ही हमें यह शिक्षा दी गई कि वेद धार्मिक ग्रंथ है, जिनमे बहुदेव वाद और तत्सम्बंधी कर्मकाण्ड तथा रीति-रिवाजों का वर्णन हैं। आधुनिक धर्मनिरपेक्षतावादी विचार धारा ने इसे अधिक पुष्ट किया। फिर भी यदि यह देखते हुए कि पुरुष सूक्त में 'पुरूष' शब्द का उपयोग रुपक के रुप में किया गया है

तथा वैदिक ऋचाओं में अंतर्निहित ज्ञान रूपको, पहेलियों और संकेतों के रूप में है, जिनके हल आधुनिक वैज्ञानिक ज्ञान के द्वारा खोजे जा सकते हैं। वैदिक ऋचाएं बुद्धिगम्य होने पर विज्ञान को नई विचार धारा और भारतीय संस्कृति को नया आयाम प्राप्त हो सकता है पुरूष सूक्त का भावार्थ इसमें सहायक है।

11

अशोक चिन्ह - ज्ञान का संगम

वैदिक संस्कृति का सृष्टि विषयक ज्ञान, आधुनिक विज्ञान के सृष्टि संबंधी ज्ञान से भिन्न नहीं है, वरन् वैदिक ऋचाओ में अन्तर्निहित संकेतों को सही परिप्रेक्ष्य मे ग्रहण किया जाए, तो सृष्टि संबंधी कई रहस्य, जिनका ज्ञान आधुनिक विज्ञान को नहीं है अथवा जिन क्षेत्रो मे शोध अभी प्रारंम्भिक अवस्था मे है, उन्हे नए आयाम प्राप्त हो सकते है। वैदिक संस्कृति के ज्ञान की विरासत का ही एक अंग है, हमारा राष्ट्रीय चिन्ह, जिसे हमने सम्राट अशोक से विरासत के रुप मे प्राप्त किया। सारनाथ मे जहाँ महात्मा गौतम बुद्ध ने सर्व प्रथम अपने ज्ञान के प्रकाश से विश्व को आलोकित किया था, वहाँ सम्राट अशोक ने शिलालेख के साथ यह चिन्ह भी स्थापित किया था। इस चिन्ह का निर्माण और प्रचलन कब प्रारम्भ हुआ, यह ज्ञात नहीं है फिर भी इस चिन्ह मे अन्तर्निहित संकेतों और गुढ़ अर्थों से यह ज्ञात होता है कि इस चिन्ह का प्रचलन अशोक के शासन काल के समय से पहले ही रहा होगा। क्योंकि इस चिन्ह मे वैदिक सृष्टि ज्ञान, कालचक्र तथा सांख्य योग के ज्ञान की अभिव्यक्ति परिलक्षित होती है, जो सृष्टि और जीवन संबंधी ज्ञान की सर्वोच्च पराकाष्ठा है।

सांकेतिक भाषा मे विचारों और भावनाओं को चिन्हों या चित्रों के माध्यम से अभिव्यक्त करने का इतिहास अति प्राचीन है। इसी का उपयोग सम्राट अशोक के इस चिन्ह मे भी परिलक्षित होता है, जो भारत के स्वर्ण काल का साक्षी होकर उसका प्रतिनिधित्व करता है। सामान्य दृष्टि से इस चिन्ह को देखकर यही कहा जाएगा कि सिंह-शक्ति और

गौरव के प्रतीक तथा आधार पर स्थित अश्व-ऊर्जा एवं गति, वृषभ-कठिन परिश्रम एवं धैर्य तथा इन दोनों के मध्य स्थित चक्र धर्म को प्रदर्शित करता है। परन्तु इस चिन्ह का गुढ़ार्थ ऋग्वेद के अध्ययन से ज्ञात होता है, जो पृथ्वी पर मानव सभ्यता के प्राचीनतम अभिलेख है। संक्षेप मे यदि कहा जाए तो यह चिन्ह सृष्टि की निरन्तरता, जीवन और उस पर एक आधार भूत मौलिक ऊर्जा के नियन्त्रण को प्रदर्शित करता है। इस चिन्ह का मूल आधार 'पुरुष सूक्त' है।

वेदों में सृष्टि निर्माण प्रकिया का वर्णन नासदीय सूक्तों में मिलता है। सृष्टि का निर्माण जिन शक्तियों के द्वारा होता है उन्हें देवता सम्बोधित करते हुए कहा गया कि समस्त देवताओं ने मिलकर जगत की रचना की। सृष्टि का विस्तृत ज्ञान प्राप्त होने पर, सृष्टि की उत्पत्ति एक आधारभूत मौलिक ऊर्जा से क्रमशः विकसित बताते हुए प्रकृति की शक्तियों को इसमे कारण और सहायक बताया गया। इसी आधारभूत मौलिक ऊर्जा को विश्व कर्मा, प्रजापति, हिरण्यगर्भ तथा पुरुष सूक्त में 'पुरुष' नाम दिया गया। इसे ही उपनिषदों मे परब्रह्म या विश्वात्मा कहा गया है।

पुरुष सूक्त - की प्रथम चार ऋचाओं मे मौलिक ऊर्जा का वर्णन सांकेतिक भाषा मे किया गया है, इसे हजारों सिर, हजारों आँखें और हजारों पाँवों वाला बताकर यह संकेत दिया गया है कि वह सर्वत्र उपस्थित है। इसी ऋचा में आगे कहा गया कि वह समस्त भूतजात प्रकृति को आच्छादित करके उससे दस अंगुल उपर भी है और इस ऊर्जा की कल्पना पुरुष सूक्त में पुरूषाकृति में करते हुए यह संकेत भी दिया गया है कि वह मनुष्य शरीर के दस अंगुल वाले स्थान अर्थात हृदय गुहा मे स्थित है। अर्थात जो पिंड मे है वही ब्रह्माण्ड मे है ऋ. 10.90.1[1]। यह पुरुष ही जगत है, जो पहले था और भविष्य मे होगा

---

1. सहस्रशीर्षा पुरुषः सहस्राक्षः सहस्रपात्।
स भूमिं विश्वतो वृत्वात्यतिष्ठद्दशाङ्गुलम्।।

ऋ. 10.90.1

ऋ. 10.90.2[1]। इस ऋचा मे मौलिक ऊर्जा के सनातन अविनाशी स्वरूप को स्पष्ट किया गया है। इस पुरूष का चौथाई भाग दृश्य जगत -मृत्युलोक के प्राणी है और उसका तीन चौथाई भाग अदृश्य अमृत लोक है ऋ. 10.90.3[2]। अर्थात जो सृष्टि हमें दिखाई दे रही है वह उसका एक अंश मात्र है, जो बार-बार जगत मे प्रकट होता रहता है ऋ. 10.90.4[3]। यहा सृष्टि मे हो रही चक्रिय अभिक्रियाओं की तरफ संकेत किया गया है, इसी परम पुरूष-मौलिक ऊर्जा से ब्रह्माण्ड़ आदि की उत्पत्ति बताते हुए, यह प्रतिपादित किया गया कि प्रकृति की दिव्य शक्तियाँ, मौलिक ऊर्जा द्वारा प्रदत्त जगत रचना सामग्री द्वारा सृष्टि यज्ञ को विस्तारित करती है। अर्थात सृष्टि मे जो भी क्रिया-प्रतिक्रियाएं हो रही हैं, उन्हे सृष्टि यज्ञ द्वारा अभिव्यक्त किया गया। इस प्रकार काल्पनिक पुरूष मौलिक ऊर्जा से ब्रह्माण्ड और सृष्टि के विभिन्न घटकों की उत्पत्ति उसके विभिन्न काल्पनिक अंगो से बताते हुए, मनुष्य शरीर और ब्रह्माण्ड मे समानता बताई गई है।

अशोक चिन्ह - मे इसे इस प्रकार दर्शाया गया कि इस चिन्ह मे प्रदर्शित चार शेर और सामने से दृष्टि गत शेरों के चार पाँव आधारभूत मौलिक ऊर्जा के चार अंशो का प्रतिनिधित्व करते है किसी भी दिशा से देखने पर शेरों के तीन मुहँ और चार पाँव ही दिखाई देते है, जिससे तात्पर्य है कि इस मौलिक ऊर्जा के चार अंशो मे से तीन अंश ऊपर उठकर आकाश मे अवस्थित है, शेर के माध्यम से इस ऊर्जा की अभिव्यक्ति इसे सर्व शक्तिमान प्रदर्शित करती है। अशोक चिंह में शेरों के आधार पर स्थित पशु और चक्र, इस मौलिक ऊर्जा के शेष एक अंश

---

1. पुरुष एवेदं सर्व यदभूतं यच्च भव्यं।

ऋ. 10.90.2 क

2. पादोऽस्य विश्वा भूतानि त्रिपादस्यामृतं दिवि।।

ऋ.10.90.3 ख

3. त्रिपादूर्ध्व उदैत्पुरूषः पादोऽस्येहाभवत्पुनः।
ततो विष्वङ्व्यक्रामत्साशनानशने अभि।।

ऋ.10.90.4

का प्रतीक होकर दृश्य जगत का भाग है। इसके आधार पर उत्किर्ण अश्व और गाय चैतन्य जगत का प्रतिनिधित्व करने के साथ ही अश्व-आधारभूत मौलिक ऊर्जा के गति स्वरूप का प्रतीक तथा चक्र के दूसरी तरफ गाय प्रकृति की मातृवत पोषण शक्ति का प्रतीक है। इन दोनों के मध्य मे चक्र उत्किर्ण करने से तात्पर्य है कि आधारभूत मौलिक ऊर्जा और प्रकृति का संयुक्त प्रयास यह सृष्टि है, जिसे वेदों में प्रकृति-पुरूषात्मक कहा गया है। यह सृष्टि एक चक्र के रूप में क्रियाशील है, इस सृष्टि चक्र को चक्र के माध्यम से अभिव्यक्त किया गया है। जो एक तंत्र का सूचक है।

सृष्टि - एक तंत्र के अंतर्गत क्रियाशील है, जिसमे प्रकृति के घटको का निर्माण, विघटन और पुर्नसंयोजन निरंतर एक चक्र के रूप में होता रहता है अर्थात सृष्टि और जीवन समय के साथ निरन्तर चलने वाली प्रक्रिया है, इस तंत्र को एक मौलिक ऊर्जा प्रेरित और नियंत्रित करती है ऋ. 10.89.2ए4[1]। सृष्टि मे जिन घटक तत्वो का निर्माण होता है, कालान्तर मे वे पुनः सृष्टि मे लय हो जाते है और 'एक नया क्रम पुनः प्रारंभ हो जाता है। सृष्टि चक्र के चौबीस घटक तत्वों का उल्लेख ऋग्वेद 10.65.1[2] मे तथा इनकी व्याख्या इसी दशम मंडल के सूक्त 65 और 66 मे मिलती है इन घटको की क्रिया प्रतिक्रिया को यज्ञ ऋ.

---

1. स सूर्यः पर्युरु वरांस्येन्द्रों ववृत्याद्रथ्येव चक्रा।

ऋ. 10.89.2

यो अक्षणेव चक्रिया शचिभिर्विष्वक्तस्तम्भ पृथिवीमुतधाम्।

ऋ. 10.89.4

वह सूर्य आदि को रथ के चक्के के समान चलाता और घूमाता है जैसे सारथी रथ के चक्र को चलाता है। वह पृथ्वी और आकाश को थामे हुए है, जैसे अक्ष रथ के चक्र को थामे रखता है। इससे तात्पर्य है कि सृष्टि एक ऊर्जा तंत्र है और सृष्टि में हो रही क्रियाओं को एक ऊर्जा प्रेरित और नियन्त्रित करती है।

2. अग्निरिंद्रों वरुणो मित्रो अर्यमा वायुः पूषा सरस्वती सजोषसः।

आदित्या विष्णुर्मरुतः स्वर्बृहत्सोमो रुद्रो अदितिर्ब्रह्मणस्पतिः।।

ऋ. 10.65.1

10.90.16[1] के द्वारा अभिव्यक्त किया गया है। सृष्टि के इन्हीं चौवीस घटक तत्वों की चक्रिय क्रिया प्रतिक्रिया को अशोक चिंह मे चक्र के चौवीस आरो के द्वारा अभिव्यक्त किया गया है। अशोक चिन्ह में आधार पर उत्किर्ण चक्र एक बहुआयामी अभिव्यक्ति है, जो सृष्टि चक्र, संवत्सर काल और मनुष्य शरीर कि संयुक्त अभिव्यक्ति है। क्योंकि आधारभूत मौलिक ऊर्जा को ही जीवन ब्रह्माण्ड और समय का मूल कारण मानते हुए मनुष्य शरीर और ब्रह्माण्ड मे समता भी पुरूष सूक्त मे प्रदर्शित की गई है।

चक्र यह प्रदर्शित करता है कि जिस प्रकार रथ के पहिए में आरे अक्ष से जुडे होते हैं, अक्ष के बिना उनका कोई महत्व नही है, उसी प्रकार आधारभूत मौलिक ऊर्जा से प्रकृति के समस्त पदार्थों की उत्पत्ति होकर वे अपनी क्रिया प्रतिक्रिया के लिए आधारभूत मौलिक ऊर्जा पर आधारित होते है। यहा चक्र के केन्द्र मे स्थित बिन्दु मौलिक ऊर्जा का प्रतीक हैं, तथा 24 आरे प्रकृति के चौवीस घटक तत्वों का प्रतिनिधित्व करते हैं। जिनका संगतिकरण, विखंडन और पुर्नसंयोजन मौलिक ऊर्जा के अन्तर्गत निरन्तर चलता रहता है।

काल चक्र- सृष्टि चक्र मे कालचक्र का अति महत्वपूर्ण स्थान है, अथर्ववेद के काल सूक्त 19.53. में काल को ही सृष्टि की उत्पत्ति और विनाश का कारण बताया गया है। इस काल चक्र का संबध सूर्य की अपने अक्ष पर गति से है, जिसे दिन रात, पक्ष, महिने तथा संवत्सर काल (12 महिने) मे विभक्त किया गया है, इस काल चक्र के अंतर्गत सृष्टि का निर्माण-संहार और जगत के समस्त कार्य होते हैं। इस काल चक्र के संदर्भ मे अशोक चक्र मे प्रदर्शित चौवीस आरे चौवीस पक्षो (संवत्सर काल या 12 महिनों) की तरफ संकेत करते है। जिसे ऋग्वेद मे 360 दिन ऋ. 1.164.48 अथवा 720 दिन-रात ऋ.1.164.11 के

---

1. यज्ञेन यज्ञमयजन्त देवास्तानि धर्माणि प्रथमान्यासन्।
ते ह नाकं महिमानः सचन्त यत्र पूर्वे साध्याः सन्ति देवाः।।

ऋग्वेद - 10.90.16

द्वारा अभिव्यक्त किया गया है। इस प्रकार अशोक चक्र मे काल के महत्व को 24 आरों द्वारा प्रदर्शित किया गया है।

सांख्य योग - इसी चक्र को जब मनुष्य शरीर के संदर्भ मे देखते हैं, तो महर्षि कपिल का सांख्य योग का स्मरण होता है, जिसके अनुसार सृष्टि की उत्पत्ति और विनाश, प्रकृति की शक्तियों के अंतर्गत एक प्राकृतिक अभिक्रिया है, जो आधुनिक विकास वाद के सिद्धांत से आगे मनुष्य के आंतरिक विकास का वर्णन भी करता है। जिसके अनुसार मनुष्यों में पांच महाभूत (पृथ्वी, आकाश, अग्नि, जल, वायु) पांच ज्ञानेन्द्रिया, पांच कर्मेन्द्रियां, पांच इंद्रियों के विषय (शब्द, स्पर्श, गंध, रूप और रंग) तथा मन, बुद्धि, अहंकार और महत-प्रकृति का विकास मनुष्य मे क्रमशः होता है। इन चौवीस तत्वों की क्रियाशीलता (आत्मा) मौलिक ऊर्जा पर निर्भर होती है। (सांख्य प्रवचन भाष्य, सांख्य कारिका) जीवन समाप्ति पर ये तत्व प्रकृति मे लय हो जाते हैं और मौलिक ऊर्जा आधारभूत मौलिक ऊर्जा मे लय हो जाती है। अशोक चिन्ह मे आधार पर स्थित चक्र मे प्रदर्शित चौवीस आरे मनुष्य शरीर के चौवीस तत्व और मध्य मे अक्ष रूपी बिन्दु मौलिक ऊर्जा (आत्मा) का प्रतीक है। अर्थात सृष्टि, प्रकृति और मनुष्य (जीव) काल चक्र-समय के अंतर्गत उत्पन्न होते हैं और उसी मे लय हो जाते हैं।

महात्मा गौतम बुद्ध की शिक्षाओं के ज्ञान के साथ सारनाथ में, शिलालेख के साथ यह चिन्ह स्थापित करना भीं यही प्रदर्शित करता है कि वैदिक ज्ञान और बौद्ध धर्म की मूल भावनाओं में कहीं विरोध नहीं था। यदि कोई विरोध था तो वह समाज में व्याप्त अन्धविश्वासों के प्रति था। इसीलिए परम मौलिक ऊर्जा जिसे परब्रह्म परमेश्वर कहा जाता था, उसके विषय में महात्मा बुद्ध ने यह कह कर चुप्पी साध ली कि जहाँ जानकारी संभव नहीं, वहाँ अपना निर्णय नही देना चाहिए। उन्होंने यह भी कहा कि यह सारा विश्व-जिसे हम जिस रूप में जानते हैं - सम्बन्धों का एक सिलसिला है, हम कोई ऐसी वस्तु नहीं जानते हैं जो बिना सम्बन्ध के हो सकती हैं, इसलिये हमें अपने को उन वस्तुओं तक

सीमित रखना चाहिए जिनका हम अनुभव कर सकते हैं और जिनके बारे में हमें पक्की जानकारी है। उनके अनुसार जीवन निरन्तर बदलता रहता है, और अपनी सभी रूपों में वह एक धारा की तरह है, जिसे हम होने की प्रक्रिया कह सकतें हैं। वास्तविक रूप से कोई ऐसी चीज नहीं है, जो बनी रहने वाली और न बदलने वाली हों, बल्कि वह प्रकाशवान शक्ति है, जिसमें तिक्ष्णता है और गति है, जो नतीजों का एक सिलसिला है। प्रत्येक वस्तु बस एक बहाव, मत और परिवर्तन है। यहाँ महात्मा बुद्ध ने सृष्टि चक्र को स्वीकार किया है, वरन् प्रकाशवान शक्ति के संदर्भ में उन्होंने परम मौलिक ऊर्जा को भी स्वीकारा है। इसी की अभिव्यक्ति इस चिन्ह में भी परिलक्षित होती है।

परम मौलिक ऊर्जा जिसे वेद हिरण्यगर्भ, प्रजापति, विश्वकर्मा एवं परम पुरूष के नाम से सम्बोधित करते हैं वहीं उपनिषदो में इसे परब्रह्म परमेश्वर, परमात्मा या विश्वात्मा कहा गया है। इसे ही पवित्र कुरआन में अल्लाह, खुदा, बाईबल में गॉड या परमेश्वर, जेन्द अवेस्ता में अहुरमज्द तथा गुरू ग्रन्थ साहब में इसे ही के एक औंकार के नाम से सम्बोधित किया गया है। अर्थात हमारा राष्ट्रीय चिन्ह सांस्कृतिक विरासत का प्रतीक होने के साथ-साथ सांस्कृतिक एकता और मानवीय अध्यात्मिक एकता का भी प्रतीक है।

12

वेदों में परिस्थितिकी तंत्र

पर्यावरण और संस्कृति एक दूसरे के पर्याय है, पर्यावरण के नष्ट होने साथ संस्कृति भी नष्ट हो जाती है, इस कारण संस्कृति के विकास के साथ पर्यावरण संरक्षण के मुद्दे संस्कृति के अंग हो जाते हैं। वैदिक संस्कृति, जो भारतीय संस्कृति का अभिन्न अंग है, अपने विकास के साथ अपने चरमोत्कर्ष पर पहुँची और समय के साथ काल कलवित हो गई। इस संस्कृति की परम्पराएं आज भी भारतीय संस्कृति में परिलक्षित होती हैं तथा इस संस्कृति के ज्ञान का आभास वेदों में होता है, जो पृथ्वी पर मानव सभ्यता के प्राचीनतम दस्तावेज है, इस कारण पृथ्वी पर मनुष्यों की यह सांझी विरासत है, इन्हें किसी धर्म या जाति विशेष से संबंधित मानना ही अंधविश्वास है।

आधुनिक औद्योगिक विकास और पर्यावरण संरक्षण दो विरोधाभासी मुद्दे हैं भौतिक विकास की अंधी दौड में जहाँ मानव-मानव के बीच के रिश्ते टूटते जा रहे हैं, वहाँ मनुष्य पेड़-पौधे, जीव-जन्तुओं और निर्जीव पर्यावरण से प्रीति जोडेगा, शंकास्पद लगता हैं, प्रकृति के ये घटक परस्पर श्रृंखलाबद्ध रूप में जुड़े होने के कारण पृथ्वी पर जीवन के लिए महत्वपूर्ण और अपरिहार्य है, जो एक परिस्थितिकी तंत्र के अंतर्गत क्रियाशील है। इसे देखते हुए ही जैव विविधता और पर्यावरण संरक्षण की चर्चा अंतर्राष्ट्रीय स्तर पर महत्वपूर्ण है परन्तु आज जिस गति से भौतिक सुविधाओं के वशीभूत पर्यावरण को क्षति पहुँच रही है, इन परिस्थितियों में पर्यावरण संरक्षण के अंतर्राष्ट्रीय प्रयास विकसित देशों का महज एक शगल प्रतीत होता है। तीव्र औद्योगिकरण जनसंख्या विस्फोट

तथा वनों के विनाश के फलस्वरूप पृथ्वी पर जलवायु में परिवर्तन के संकेत मिल रहे हैं, कार्बन डाईआक्साईड की सांद्रता में वृद्धि के फलस्वरूप "ग्रीन हाउस प्रभाव" के कारण पृथ्वी के तापक्रम में निरन्तर वृद्धि हो रही है, तापक्रम में वृद्धि के फलस्वरूप पहाडों और ध्रुवीय प्रदेशों की बर्फ पिघलने से समुद्र तटीय प्रदेश जलमग्न हो सकते हैं, जो जल प्रलय का संकेत है। पर्यावरण शास्त्री और वैज्ञानिक एक और संभावना व्यक्त करते हैं कि पृथ्वी के पर्यावरण में कार्बन डायआक्साईड की अधिक वृद्धि के कारण पृथ्वी पर हिमयुग भी आ सकता है, सह संभावना इस तथ्य पर आधारित है कि कार्बन डाय आक्साईड का उपयोग शीतलीकरण संयंत्रों में बर्फ जमाने के लिए किया जाता है। शीतलीकरण संयंत्रों से उत्सर्जित गैस क्लोरो पलूरो कार्बन तथा वाहनों से निकलने वाली नाईट्रस आक्साईड गैस की वातावरण में वृद्धि के कारण पृथ्वी की जीवन रक्षक ओजोन पर्त का क्षरण और उसमें देखे गये छिद्र, पृथ्वी पर जीवन के लिए खतरे का दूसरा गंभीर संकेत दे रहे हैं। ओजोन पर्त के क्षरण के कारण पृथ्वी पर घातक पराबैंगनी किरणों की सांद्रता में वृद्धि के फलस्वरूप कैंसर, उच्च रक्तचाप आदि बीमारियों में वृद्धि हो रही है। तदनुसार पृथ्वी पर जीवन के लिए संकट को देखते हुए, विश्व के वैज्ञानिक पर्यावरण शास्त्री और राजनीतिज्ञ सभी एक मत से यह कह रहे है कि पृथ्वी पर पर्यावरण एक है, जिसकी कोई सीमाएं नही हैं, पृथ्वी पर जीवन भी एक है, अतः पृथ्वी को इन खतरों से सुरक्षित रखने की संयुक्त जिम्मेदारी समस्त पृथ्वीवासियों की है। एतदर्थ विश्व स्तर पर प्रकृति और पर्यावरण के संरक्षण हेतु संयुक्त राष्ट्र संघ इस दिशा में सक्रिय है परन्तु यह प्रयास पर्यावरण के प्रति नैतिक कर्तव्य और आत्मिक लगाव उत्पन्न करने में असफल रहें हैं, वरन सम्पन्न लोग और विकसित राष्ट्र अपनी भौतिक सुख सुविधा त्यागना नहीं चाहते और जिन्हें सुविधाएं प्राप्त नहीं हैं उनसे उन्हें त्यागने और पर्यावरण संरक्षण के नाम पर उनसे अपनी विकास योजनाओं पर अंकुश की अपेक्षा करते हैं।

पर्यावरण संरक्षण का यह एक तरफा प्रयास है, जब तक आधुनिक संस्कृति के अनुरूप पर्यावरण के प्रति मानव मात्र का लगाव उत्पन्न नहीं होता है, तब तक प्रकृति और पर्यावरण का दोहन विकसित लोग अपने विकास के लिए और गरीब अपनी उदर पूर्ति के लिए करता रहेगा। प्रकृति से अपनी मूलभूत आवश्यकताओं की पूर्ति करना धर्म और अपनी भौतिक उन्नति के लिए इसका दोहन करना अधर्म है। मनुष्यों को तत्संबंधी नैतिक कर्त्तव्यों का अहसास होना ही आज की अहम् आवश्यकता है। इस संदर्भ में वैदिक संस्कृति से शिक्षा ग्रहण की जा सकती है कि किस प्रकार उन्होंने प्रकृति और प्रकृति के घटकों को जीवन का अंग बनाकर जीवन में उतार दिया, जिसकी अभिव्यक्ति जनमानस में इनके प्रति आत्मिक लगाव के रूप में परिलक्षित होती है, क्योंकि आज ही के समान परिस्थितियां वैदिक काल में भी उत्पन्न हुई थी।

वेद भारतीय संस्कृति के आधारभूत ग्रंथ है, जिनमें एक ऐसी सभ्यता के ज्ञान की झलक मिलती है, जिसने विकास के सर्वोत्कृष्ट शिखर पर पहुँचने के पश्चात, अपने अनुभवों के आधार पर प्रकृति के साथ तादात्म्य स्थापित किया, ताकि पृथ्वी पर जीवन सुरक्षित रहे फिर भी प्रकृति के नियमों के अंतर्गत यह संस्कृति काल के गाल में समा गई। आज इस संस्कृति के अवषेश के रूप में सिर्फ वेदों की ऋचाएं और भारतीय संस्कृति में व्याप्त परम्पराएं हैं, जो जीव-जन्तु, पेड- पौधों आदि की पूजा आराधना में परिलक्षित होती है। जिन्हें अंधविश्वास का पर्याय माना जाता है। वेदों के अध्ययन से ज्ञात होता है कि वैदिक मनीषी प्रकृति और पर्यावरण के सूक्ष्म पहलुओं से पूर्ण परिचित होने के साथ-साथ पर्यावरण संरक्षण और संतुलन के प्रति भी सजग थे।

यह संस्कृति कैसे नष्ट हुई इसकी जानकारी हमें नहीं है परन्तु मेक्स प्लांक सोसायटी के हेम्बर्ग स्थित इंस्टीटयूट ऑफ मेटरोलॉजी के द्वारा प्रकाशित पुरा परिस्थितिकीय शोध रिपोर्ट "क्लाईमेप" (जर्मन समाचार सितम्बर, 89) के अनुसार 18000 वर्ष पूर्व आज ही के समान "ग्रीन हाऊस प्रभाव" के कारण पृथ्वी पर तापक्रम में वृद्धि हुई थी,

जिसके फलस्वरूप पृथ्वी पर हिम युग आया था। उत्तरी अमेरिका, यूरोप तथा साईबेरिया बर्फ की घनी पर्तों से ढंक गये थे। जीव-जन्तु और मनुष्य साईबेरिया तथा अलास्का के मध्य निर्मित भू मार्ग से सुरक्षित निकल आए। शोध रिपोर्ट के अनुसार सिर्फ हिमयुग के चक्र के अंतर्गत ही जलवायु में प्राकृतिक अस्थिरता उत्पन्न होती है, जो जलवायु में परिवर्तन की हद तक पहुँचती है। संभव है वैदिक संस्कृति 18000 वर्ष पुर्व अपने चरमोत्कर्ष पर रही हो।

वेदों में अंतर्निहित ज्ञान सूत्रात्मक संकेतात्मक और पहेलियों के रूप में होने के कारण, वैदिक ऋचाओं का विश्लेषण तब तक संभव नहीं है, जब तक पृथ्वी पर वैदिक सभ्यता के अनुरूप विकास न हो, यद्यपि अभी पृथ्वी पर वैदिक सभ्यता के समकक्ष विकास नहीं हुआ है, परन्तु फिर भी "ग्रीन हाऊस प्रभाव" के कारण पृथ्वी पर तापक्रम में वृद्धि और उसके फलस्वरूप जल प्रलय का खतरा तथा क्लोरो फ्लूरो कार्बन और नाईट्रस आक्साईड गैसों के कारण पृथ्वी पर जीवन रक्षक ओजोन पर्त का क्षरण, जिनके कारण पृथ्वी पर जीवन के लिए खतरा उत्पन्न हो गया है। ये कुछ ऐसे मुद्दे हैं, जो पृथ्वी पर प्रकृति ओर पर्यावरण के संरक्षण हेतु भूमंडल स्तर पर अंतराष्ट्रीय सहयोग हेतु बाध्य कर रहे हैं। इसी की अभिव्यक्ति वैदिक अवधारणा "वसुधैव कुटुम्बकम्" संपूर्ण पृथ्वी एक परिवार है में परिलक्षित होती है, जो आधुनिक पर्यावरण शास्त्र के जीवमण्डल का पर्यायवाची शब्द है, जिसमें प्रकृति का प्रत्येक घटक समाहित है।

इसकी अभिव्यक्ति इस ऋचा में होती है :-

धौर्वः पिता पृथ्वी माता सोमोभ्रातादितिः स्वसा।

अद्दश्टा विश्वदृश्टास्तिष्ठतेळयता सु कम्।।

ऋ. 1. 191. 6

इस ऋचा में आकाश को पिता, पृथ्वी को माता, जल को भ्राता तथा अदिति-प्रकृति को बहन मानते हुए, यह कामना की गई है कि जो

विश्व के द्वारा देखे जाते हैं ओर जो अदृश्य अर्थात दिखाई नहीं देते हैं, वे सभी अपने स्थान पर स्वस्थ एवं प्रसन्न रहें।

वेदों के अध्ययन से ज्ञात होता है कि वैदिक मनीषी प्रकृति और पर्यावरण के वैज्ञानिक पहलुओं से पूर्ण परिचित और ज्ञाता थे, वेदों में प्रकृति को अदिति के नाम से संबोधित करते हुए कहा गया है।

अदितिर्धौरदितिर्दन्तरिक्षमदितिर्माता स पिता स पुत्रः।

विश्वे देवा अदितिः पंच जना अदितिर्जातमदितिर्जनित्वम्।।

ऋ. 1. 89. 10

इस ऋचा में स्पष्ट किया गया है कि अदिति प्रकृति ही आकाश, प्रकृति ही अंतरिक्ष है। यह ही माता, पिता और पुत्र है। विश्वदेवा अर्थात प्रकृति की शक्तियां प्रकृति ही है, पांच प्रकार के जीवन प्रकृति से ही उत्पन्न होते हैं, इस सृष्टि में जो कुछ भी है और जो कुछ भी होगा वह प्रकृति ही है।

प्रकृति का सूक्ष्मतम ज्ञान प्राप्त करने के पश्चात यह देखते हुए कि प्रकृति का प्रत्येक घटक अपने आप में पूर्ण होते हुए भी अपनी क्रियाओं के लिए अन्य घटकों पर निर्भर है, अर्थात समस्त घटक एक दूसरे के लिए अपरिहार्य होकर महत्वपूर्ण हैं। अतएव प्रकृति के घटकों सूर्य, पृथ्वी, अग्नि, जल, वायु, पेड-पौधे, जीवन-जन्तुओं की उनकी उपयोगिता के अनुसार उन्हें देव तुल्य मानते हुए उनकी आराधना की गई, ताकि मनुष्य प्रकृति के इन घटकों का उपयोग आदर के साथ अपनी आवश्यकतानुसार करें। अन्यथा प्रकृति अपने आप में पूर्ण है, जो एक सीमा तक घटकों में असंतुलन सहन कर सकती है। प्रकृति के घटकों में असंतुलन को प्राकृतिक अभिक्रियाओं के द्वारा नियंत्रित करना प्रकृति का नियमित कार्य है। प्राकृतिक प्रकोप एक निश्चित सीमा के पश्चात ही अभिव्यक्त होते हैं। एतदर्थ साधारण मनुष्य के लिए ये दैवी प्रकोप के पर्याय और ज्ञानियों के लिए प्राकृतिक प्रकोप होते हैं।

ऋग्वेद में प्रकृति के घटकों को देवता का स्थान प्रदान किया गया है तथा विश्व को तीन भागों भू, वायु मण्डल और अंतरिक्ष में विभक्त किया गया है। लगभग तैंतीस देवताओं का वर्णन ऋग्वेद में मिलता है, जो इन तीन विभागों की क्रिया और अभिक्रियाओं से संबंधित है। भू अर्थात पृथ्वी के देवता हैं - अग्नि, सोम और पृथ्वी। वायु मण्डल के देवता हैं - विद्युत, वर्षा ओर वायु। अंतरिक्ष के देवता हैं - आकाश, सूर्य और सूर्य से संबंधित क्रियाएं। सूर्य को उर्जा का स्त्रोत बताते हुए कहा गया है -

सूर्य आत्मा जगतस्तस्थुशश्च।

ऋ. 1. 115. 1

सूर्य जगत की आत्मा और आंख है।

वेदों में देवताओं का मूर्त स्वरूप मानवीय है, यह स्वरूप केवल प्रतीकात्मक है, जिसका तात्पर्य सिर्फ क्रियाओं के अवयवों के माध्यम से प्रदर्षित करना है, जिनका संबंध प्राकृतिक तत्वों से स्पष्ट परिलक्षित होता है। हकीकत में यह प्राकृतिक अभिक्रियाओं की संकेतात्मक अभिव्यक्ति हैं। ऋग्वेद में मंदिरों और मूर्तियों का वर्णन नहीं मिलता है। इससे भी यह स्पष्ट होता है कि देवताओं का मानवीय स्वरूप प्रतिकात्मक और छायात्मक है। मूर्ति पूजा और मंदिरों के निर्माण का प्रचलन वैदिक काल के पश्चात प्रारंभ हुआ, जब वैदिक ज्ञान वेदों की ऋचाओं तक सीमित हो गया और वेद मंत्र देवताओं को प्रसन्न करने के साधन।

जैसा कि आज हमें ज्ञात है कि प्राकृतिक शक्तियां और प्राकृतिक अभिक्रियाएं एक दूसरे से संबंधित हैं तथा एक अभिक्रिया के लिए कई कारक उत्तरदायी होते हैं। तदनुसार इन संबंधों के अनुसार युगल देवता मित्र-वरूण, द्यावा-पृथ्वी, अग्नि-सोम आदि युगल देवताओं का उल्लेख मिलता है। जब किसी अभिक्रिया में कई कारक भाग लेते हैं तो वहाँ विश्वे देवा सामुहिक देवताओं का उल्लेख मिलता है। इन देवताओं का किसी एक देवता से विशेष संबंध होता है, जिससे संबंधित अभिक्रिया

होती है। जब किसी एक देवता की उपासना की जाती है तो उसे ही स्वतंत्र और सर्वोच्च माना जाता है। यह सिर्फ यह प्रदर्शित करने के लिए है कि प्रकृति का प्रत्येक घटक, जिन्हें देवता कहा गया है, अपने आप में पूर्ण और स्वतंत्र है परन्तु अभिक्रियाओं के लिए उनका संबंध अन्य प्रकृति के घटकों से अपरिहार्य और अभिन्न है।

वैदिक मनीषियों ने वेदों में सृष्टि की उत्पत्ति और विकास प्राकृतिक शक्तियों के द्वारा एक प्राकृतिक उत्पत्ति प्रतिपादित की है। सृष्टि उत्पत्ति का विस्तृत विश्लेषण सृष्टि उत्पत्ति विषयक नासदीय सूक्तों में मिलता है। सृष्टि उत्पत्ति तथा सृष्टि का विस्तृत विश्लेषण *ऋग्वेद के प्रथम मण्डल के "सृष्टि ज्ञान सूक्त" (ऋग्वेद 1.164)* में मिलता है, जिसमें 52 मंत्र हैं। इस सूक्त में सृष्टि को एक यज्ञ निरूपित किया गया, जिससे तात्पर्य है कि क्रिया-प्रतिक्रियाओं के फलस्वरूप सृष्टि अस्तित्व में आती है, जो परिस्थितिकी तंत्र के अंतर्गत क्रियाशील होती है, जिसमें प्रकृति के घटक चक्रीय रूप में भाग लेते है जिस पर एक मौलिक ऊर्जा का नियंत्रण है।

स सूर्यः पर्युरू वरास्येन्द्रो ववृत्याद्रथ्येव चक्रा।

अतिष्ठतमपस्या१ न संर्ग कृष्णा तमांसि त्विष्या जघान।।

ऋ. 10. 89. 2

वह सूर्य आदि को चलाता और घुमाता है, जैसे सारथी रथ के चक्र को चलाता है। वह सदा गतिशील, क्रियायुक्त सृष्टि चक्र को भी चलाता है और अपने ज्ञान प्रकाश से काले अंधकार को नष्ट करता है।

इस सृष्टि चक्र में, प्रकृति के घटक तत्व निरन्तर प्रकृति में लय होते रहते हैं, जिनका विखण्डन संयोजन और पुर्नसंयोजन होता रहता है, इसे यज्ञ के द्वारा अभिव्यक्त किया गया, अर्थात सृष्टि में सूक्ष्म स्तर पर हो रही क्रिया एवं प्रतिक्रियाएं।

यज्ञेन यज्ञमयजन्त देवास्तानि धर्माणि प्रथमान्यासन्।

ते ह नाकं महिमानः सचन्त यत्र पूर्वे साध्याः सन्ति देवाः।।

ऋ. 1. 164. 50

देव, जो सृष्टि के प्रारंभ में प्रथम उत्पन्न हुए थे, उन्होंने इस सृष्टि यज्ञ में सृष्टि के नियमानुसार प्रथम आसन ग्रहण किया, जिसमें यज्ञ से यज्ञ की उत्पत्ति होती है। इस यज्ञ की महिमा से, पूर्व में उत्पन्न पदार्थ और देव ही संगत होते हैं, जो यज्ञ विस्तार करते हैं।

इस ऋचा में, कर्मकाण्डीय यज्ञ के आधार पर सृष्टि यज्ञ का ज्ञान प्रदान किया गया है। यज्ञ से तात्पर्य है, क्रिया-प्रतिक्रिया, सृष्टि में निरन्तर क्रिया-प्रतिक्रियाएं हो रही है। इसे यज्ञ से यज्ञ की उत्पत्ति के माध्यम बताया गया है। सृष्टि यज्ञ में, सृष्टि के आधारभूत कण इलेक्ट्रान, प्रोट्रॉन और न्यूट्रान, जो सूक्ष्म प्रकृति का निर्माण करते हैं, उन्हें देव कहा गया है। ये देव, सृष्टि यज्ञ में सर्वप्रथम आसान ग्रहण करते हैं, से तात्पर्य है कि ये क्रिया-प्रतिक्रियाओं के जनक हैं। यह क्रम निरन्तर चलता रहता है, इसे ही यज्ञ से यज्ञ की उत्पत्ति द्वारा अभिव्यक्त किया गया है, जिसमें पूर्व में उत्पन्न पदार्थ ही अगली क्रिया में भाग लेते हैं और यज्ञ को श्रृंखलाबद्ध क्रियाओं के द्वारा विस्तारित करते हैं।

अग्निरिन्द्रो वरूणों मित्रों अर्यमा वायुः पूषा सरस्वती सजोषसः।

आदित्या विष्णुर्मरुतः स्वर्बृहत्सोमो रूद्रो अदितिर्बह्मणस्पतिः।।

ऋ. 10. 65. 1

अग्नि (अग्नि), इन्द्र (विद्युत), वरूण (जल), मित्रः (अन्न), अर्थमा (सूर्य), वायुः (वायु), पूषा (पृथ्वी), सरस्वती (माध्यमिका वाक), आदित्याः (12 आदित्य), विष्णु (व्यापक आकाश), मरूतः (मरूद् गण), स्वर्बृहत्सोम (स्वप्रकाश महान औषधियाँ), रूद्र (प्राण) आदि तथा प्रकृति और ब्रह्माण्ड का पालक संगत हुए इस सृष्टि में सर्वत्र उपस्थित है।

सृष्टि संबंधी परिस्थितिकीय तंत्र का ज्ञान तथा सृष्टि सूक्तों (ऋ. 10.72) विश्वकर्मा सूक्त (ऋ. 10.81 और 82) हरण्यगर्भ सूक्त ऋ. 10.121 तथा प्रजापति सूक्त 10.129 में वर्णित सृष्टि उत्पत्ति का ज्ञान प्राप्त होने के पश्चात यह स्पष्ट होने पर कि सृष्टि का प्रादुर्भाव एक आधारभूत मौलिक ऊर्जा की क्रिया-प्रतिक्रिया का परिणाम है। इसी आधारभूत मौलिक ऊर्जा की कल्पना पुरूषाकृति में करते हुए पुरूष सूक्त ऋ. 10-90 में उससे सृष्टि की उत्पत्ति प्रतिपादित की गई। मौलिक ऊर्जा, जिसे विश्वकर्मा, प्रजापति, हिरण्यगर्भ तथा पुरूष सूक्त में पुरूष के नाम से संबोधित किया गया, इसे ही सब देवताओं के ऊपर एक देवता का स्थान प्राप्त हुआ। इसे वेदों में "एकं सद् विप्रा बहुधा वदन्ति" के द्वारा अभिव्यक्त कर यह संकेत दिया गया कि वह एक ऊर्जा ही भिन्न-भिन्न रूपों में अभिव्यक्त हो रही है। उपनिषदों में जो अध्यात्मिक विचारधारा के जनक हैं, इनमें इसे ही ब्रह्म या विश्वात्मा के नाम से संबोधित किया गया।

वह ज्ञान होने पर कि सृष्टि एक परिस्थितिकी तंत्र है, जिस पर आधारभूत मौलिक उर्जा का नियंत्रण है। प्रकृति के समस्त कार्य इसी के अंतर्गत सम्पादित होते हैं। तथा परिस्थितिकीय प्रबंध में प्रकृति के घटकों में संतुलन की अहम् भूमिका है और प्रकृति में व्यवस्थित जीवन के लिए आवश्यक है। इसका ज्ञान जन साधारण को भी होना चाहिए, अन्यथा प्रकृति के घटकों के असंतुलित, अनियंत्रित दोहन के कारण प्रकृति के घटकों में असंतुलन उत्पन्न होने पर प्राकृतिक प्रकोप हो सकते हैं। इसे ध्यान में रखते हए जन साधारण में प्रकृति और पर्यावरण के घटकों के प्रति आत्मिक लगाव उत्पन्न करने के लिए, प्रकृति ओर प्रकृति के घटकों को देवता का स्थान प्रदान कर आराधना की गई। प्रकृति को अदिति के नाम से संबोधित करते हुए, सम्पूर्ण पृथ्वी को एक परिवार 'वसुधैव कुटुम्बकम्' के द्वारा अभिव्यक्त किया गया, जिसमें जीवित और अजीवित, दोनों सम्मिलित हैं, जो आम आदमी को पर्यावरण संरक्षण से जोडने का प्रयास था।

प्राकृतिक घटकों सूर्य, वायु, पृथ्वी, आकाश, जल, जीवन-जन्तु, पेड-पौधे, नदी, पहाड़ तथा वनों को देवतुल्य मानते हुए इनकी पूजा अराधना करना, जहाँ वैदिक संस्कृति की इन घटकों के प्रति गहरी संवेदना का सूचक है, वहीं इनके प्रति कृतज्ञता का भी घोतक है कि पृथ्वी पर उपस्थित प्रत्येक वस्तु युक्तियुक्त उपयोग के लिए है। यह इससे भी स्पष्ट होता है कि वेदों में श्रद्धा, कृषि, मन्यु (रोष), सोम रस निकालने में उपयोगी सिल-बट्टे तथा युद्ध में उपयोगी वाद्ययंत्रों की भी आराधना की गई है अर्थात दैनिक जीवन में उपयोगी हर वस्तु के प्रति आदर भाव प्रदर्षित करना ताकि अनजाने में भी प्रकृति और प्रकृति के घटकों को अनावश्यक क्षति न पहुँचे।

वैदिक संस्कृति के नष्ट होने के पश्चात इसकी मान्यताएँ आज भी भारतीय संस्कृति में पेड-पौधों, जीव-जन्तु, नदी पहाड आदि की पूजा के रूप में परिलक्षित होती है। जिसके कारण भारतीय संस्कृति में प्रकृति के घटकों के प्रति आज भी आत्मिक लगाव दिखाई देता है परन्तु आधुनिक शिक्षा और गरीबी के प्रभाव में ये परम्पराएँ और आत्मिक लगाव विलुप्त होने की कगार पर हैं।

13

संसदीय प्रणाली की विफलता

स्वतंत्रता के पूर्व जनता सामंतशाही की अभ्यस्त थी। इसी कारण वह ब्रिटिश शासकों की गुलामी को सहन कर गई। आजादी के बाद स्वतंत्रता के अहसास और संसदीय प्रजातंत्र प्रणाली ने भारत और भारतीय जनता को एक नई राह दिखाई परन्तु स्वतंत्रता के 50 वर्ष बाद भी भारतीय जनमानस के अंतर्मन पर सामंतशाही और तानाशाही किसी न किसी रूप में हावी है। आज वह राजनीतिक अस्थिरता और घोटालों की राजनीति सहन करने को बाध्य है लेकिन यह अर्द्धसत्य है क्योंकि प्रजातंत्र में सरकार के गठन के लिए मतदाता का मत सर्वोपरि है। यद्यपि संविधान ने मतदाता को सीमित विकल्प और अधिकार प्रदान किये हैं परन्तु वर्तमान राजनीतिक स्थिति और अस्थिरता में मतदाता की भी भागीदारी है, इसे नकारा नहीं जा सकता।

हमारे सांसद और राजनीतिक दल संविधान की मूल भावना और मतदाता के साथ न्याय नहीं कर पा रहे हैं। इन राजनीतिक स्थितियों का आभास संविधान निर्माताओं को नही था, अन्यथा वे इसका विकल्प भी देते।

मूलतः राजनीतिक अस्थिरता का हल राजनीतिक दलों को ही खोजना चाहिए। यदि वे इसके लिए पहल नहीं करते है तो महामहिम राष्ट्रपति को इसके लिए पहल करना चाहिए क्योंकि राजनीतिक अस्थिरता और मध्यावधि चुनाव से देश का विकास अवरूद्ध होता है।

हमारी संसदीय प्रजातांत्रिक प्रणाली के अंतर्गत हर दल अब सत्ता में भागीदारी चाहता है। इसके लिए वह हर प्रकार का समझौता करने या जोखिम उठाने के लिए तैयार है। अब तक केन्द्र में एक पार्टी का शासन था और विपक्ष में बैठना राष्ट्रीय दलों की मजबूरी थी परन्तु अब क्षेत्रीय दलों का समर्थन प्राप्त करना या उन्हें सरकार में शामिल करना उनकी मजबूरी है। जोड़-तोड़ की राजनीति के कारण सरकारों की अस्थिरता झेलना राष्ट्र की मजबुरी है। यदि संविधान प्रदत्त संसदीय प्रजातांत्रिक प्रणाली ईश्वरीय आदेश है तो यह नियति है अन्यथा इस प्रणाली की खामियों ओर विकल्पों पर चर्चा करना आज की आवश्यकता है। राजनीतिक दलों द्वारा इस प्रणाली की कमियों पर चर्चा की पहल न करने से ऐसा लगता है कि उनके स्वार्थ इस प्रणाली के साथ जुड हुए हैं अन्यथा जहाँ संविधान में असंख्य संविधान संशोधन हुए हैं, वहाँ इस प्रणाली के विकल्प को लेकर भी संशोधन हो सकता है या संविधान सभा बुलाकर इसे पुनः लिखा जा सकता है लेकिन इसके लिए राजनीतिक दलों की सहमति आवश्यक है।

अस्थिर सरकारों के इस दौर में सत्ता प्राप्ति के लिए बेमेल गठबंधन ओर मोर्चों का गठन हो भी जाता है तो पार्टियों के स्वार्थों और व्यक्तिगत हितों के कारण अंर्तकलह उन्हें लम्बे समय तक एक नहीं रहने देता। इस परिस्थितियों में यह उचित प्रतीत होता है कि संविधान में संशोधन कर उन्हीं राजनीतिक गठबंधन या मोर्चों को मान्यता प्रदान की जाए, जो चुनाव के पूर्व गठित हों। "एक उद्देश्य-सांझी सरकार" के अंतर्गत गठबंधन यदि एक घोषणा पत्र के अंतर्गत चुनाव लड़े तो अस्थिरता को टाला जा सकता है। चुनाव के पश्चात यदि कोई दल गठबंधन से अलग होता है तो यह दल-बदल कानून के अंतर्गत गठबंधन के एक तिहाई सदस्यों के दल बदल करने पर ही मान्य चाहिए, अन्यथा उन्हें संसद की सदस्यता से वंचित किया जाना उचित है।

एक विकल्प यह हो सकता है कि जिस प्रकार मतदाता संसद सदस्य का निर्वाचन 5 वर्ष के लिए करता है, उसी प्रकार संसद सदस्यों

को भी प्रधानमंत्री के निर्वाचन का अधिकार एक बार होना चाहिये ताकि प्रधानमंत्री 5 वर्ष तक सरकार चला सके। या फिर राजनीतिक दल अपने प्रधानमंत्री पद के उम्मीदवार का नाम चुनाव के पूर्व ही घोषित कर दें और प्रधानमंत्री का चुनाव सीधे जनता के द्वारा 5 वर्ष के लिए हो। वर्तमान मध्यावधि चुनाव में भाजपा ने श्री अटलबिहारी वाजपेयी को आगामी प्रधानमंत्री के रूप में पेश भी किया था।

यदि राजनीतिक दल अपने अधिकारों के अंतर्गत इन विकल्पों पर सहमत नहीं होते है तो हमें गंभीरता से संसदीय प्रणाली के स्थान पर राष्ट्रपति प्रणाली पर खुली बहस कर राष्ट्रपति प्रणाली को अपनाना चाहिए। सीधे जनता के द्वारा चुने जाने के कारण वह राष्ट्र के प्रति अपनी प्रतिबद्धता महसूस करेगा और सरकार भी निर्बाध गति से 5 वर्ष तक चलेगी। राष्ट्रपति के लिए सीधे मतदान के कारण मतदाता सीधे राष्ट्रपति से जुडाव महसूस करेगा। इससे क्षेत्रीय, दलगत स्वार्थों और क्षेत्रीय छोटे-छोटे दलों पर अंकुश भी लगेगा। सबसे बडी उपलब्धि यह होगी कि देश राजनीतिक अस्थिरता से उबर जाएगा।

राष्ट्रपति प्रणाली पर कई बुद्धिजीवी इस आधार पर सहमत नहीं होते हैं कि इस प्रणाली से तानाशाही आ सकती है परन्तु यह भय निराधार है। राष्ट्रपति के निर्णयों पर सदन के सदस्यों का नियंत्रण होता है। अतः तानाशाही संभव नहीं है परन्तु विडम्बना यह है कि हम अक्सर अपनी समस्याओं का आकलन विदेशों के परिप्रेक्ष्य में करते है, जबकि भारत की परिस्थितियां और संस्कृति नितांत भिन्न है। ब्रिटिश सरकार से विरासत में प्राप्त संसदीय प्रजातांत्रिक प्रणाली अभी तक भारत में इसलिए चली क्योंकि भारत में स्वतंत्रता के पश्चात अधिकांश समय तक एक ही पार्टी का शासन रहा है। अब एक पार्टी शासन संभव नहीं रहा है। मिली-जुली पार्टी या गठबंधन सरकार में नियति ढूँढने के बजाए हमें इस प्रणाली के विकल्प पर विचार करना चाहिए।

मतदाताओं को जागरूक होकर राष्ट्रपति से संसदीय प्रणाली में परिवर्तन और राष्ट्रपति प्रणाली के लिए जनमत संग्रह की मांग करना

चाहिए। कोई राजनीतिक दल तो अपने स्वार्थों के चलते इसकी पहल नहीं करेगा। वर्तमान प्रणाली से मतदाता का मोह भंग हुआ है। यह मतदान के कम प्रतिशत से स्पष्ट होता है। इसकी विफलता और मतदाता की उदासीनता का विकल्प खोजना स्वतंत्रता के स्वर्ण जयंती वर्ष में हम सबका दायित्व है।

14

अस्थिरता और मध्यावधि चुनाव का विकल्प

लोकसभा में वाजपेयी सरकार के विश्वास प्रस्ताव पर हार जाने के बाद भारतीय लोकतंत्र पुनः कसौटी पर है। कहने को भारत विश्व का सबसे बडा और प्रौढ़ प्रजातांत्रिक देश है, परन्तु राजनैतिक नैतिकता के अभाव में अपरिपक्व है जिसके कारण नब्बे के दशक में देश में निरन्तर राजनैतिक अस्थिरता के झंझावात से जूझ रहा है। इस अवधि में साझा सरकारों का प्रयोग हुआ, अल्पमत सरकारें सामने आईं और 12वीं लोकसभा के चुनाव के पूर्व किये गये गठबंधन का प्रयोग भी सामने आया। परन्तु कोई भी प्रयोग सफल नहीं हुआ वरन संसदीय प्रजातांत्रिक प्रणाली के अंतर्गत क्षेत्रीय स्वार्थ और असंख्य पार्टियों का राजनैतिक सिद्धान्त विहीन खेल सामने आया, जो सरकारों की अस्थिरता को लेकर वन डे क्रिकेट मैच के समान सनसनी तो फैलाता है, परन्तु परिणाम के नाम पर शून्य ही नजर आता है। इस राजनैतिक खेल में मतदाता सिर्फ मूक दर्शक है, फायदा सिर्फ सटोरियों का होता है, जो इस खेल में अप्रत्यक्ष भागीदार होकर करोड़ों का कारोबार कर लेते हैं। जिसका खामियाजा अंततः देश की जर्जर अर्थव्यवस्था पर पडता है।

इस राजनैतिक अस्थिरता के दौर में संसदीय प्रजातंत्र की कमियां भी सामने आई कि क्षेत्रीय दलों के स्वार्थ और बहुदलीय व्यवस्था हमें रास नहीं आ रही है। चुनाव के बाद सत्ता में भागीदारी, मंत्रालयों को लेकर झीनाझपटी और अपने स्वार्थों को लेकर निरन्तर सरकार को अस्थिर करते रहना वर्तमान राजनीतिज्ञों की विशेषता है। केन्द्र में श्री वाजपेयी सरकार के विश्वास प्रस्ताव पर निरर्थक बहस, राजनीतिक

सौदेबाजी का पर्याय था, यह इससे स्पष्ट होता है कि देश हित में जुड़े आम बजट के प्रस्तावों को आनन-फानन के महज पन्द्रह मिनट में पास कर दिया गया। बयालिस पार्टियों के बेमेल समुद्र में विपक्ष के पास सरकार को कोई ठोस विकल्प न था, सरकार का अल्पमत होना भी कोई विशेष कारण नही था, पहले भी श्री नरसिंह राव की अल्पमत सरकार ने अपना कार्यकाल पूरा किया ही था। सरकार गिराने के घटनाक्रम में मुख्य सत्ता का लोभ और मानसिकता कि जिन्दा कौमें पांच साल तक इंतजार नहीं करती है, जिसे स्वार्थ की बलिवेदी पर बलिदान कर दिया गया। संसदीय प्रणाली के माध्यम से चुने गए सांसदो के विवेक, जिस पर स्वार्थ का मुलम्मा चढा हो उस पर सम्पूर्ण व्यवस्था का निर्भर होना संविधान की कसौटी पर खरा नहीं उतर रहा है।

पिछले वर्षों में यह तथ्य भी उभर के सामने आया है कि सांसदो के हित में कार्य तो सर्वानुमति से पास हो जाते हैं। और देश हित तथा मतदाता हित में कार्य जैसे चुनाव सुधार कार्य, संविधान संशोधन, राष्ट्रपति प्रणाली जिनसे देश के दीर्घ कालीन हित जुडे हुए हैं उन्हें दलगत और व्यक्तिगत स्वार्थ के आधार पर संख्या के अंकगणित में उलझा दिया जाता है। क्योंकि उनसे दलगत स्वार्थ, राजनीतिक दलों की संख्या ओर उनकी स्वच्छंदता पर अंकुश लग सकता है।

वर्तमान राजनीतिक परिस्थितियों में यह अपेक्षा करना कि राजनीतिक दल राजनैतिक अस्थिरता का कोई हल खोजेंगे संभव नहीं लगता है। सत्ता में भागीदारी में सब अपना अधिकार समझते हैं जिसके लिये वे हर प्रकार के गठबंधन और समझौते के लिए तैयार हैं। पार्टी सिद्धान्त महज समयानुकूल रक्षा कवच है। अब यह भी स्पष्ट हो गया कि केन्द्र में किसी एक दल की सरकार को बहुमत मिलना संभव नहीं है। यह कहना भी उचित नहीं है कि अल्पमत और साझा सरकारों को झेलना देश की नियति है। क्योंकि संविधान में इसका कोई विकल्प नहीं है। यदि अस्थिरता का हल नहीं खोजा जाता है तो मतदाता की निराशा हताशा में परिवर्तित हो जायेगी, जो लोकतंत्र के लिए शुभ संकेत नहीं है।

राजनीतिक अस्थिरता का जब भी सवाल उठता है राजनीतिक दल और नेता इसका दोषी मतदाता को ही ठहराते हैं कि मतदाता अपरिपक्व है जो या तो मतदान में भाग नहीं लेता है या किसी दल को बहुमत प्रदान नहीं करता है। जबकि असंख्य राजनीतिक दलों की भीड़ में मतदाता देश हित और क्षेत्रीय हित में विभेद ही नहीं कर पाता है। हमेशा ही उसके सामने सीमित विकल्प होते हैं, जिसके लिए उससे पाँच वर्ष का जनादेश लिया जाता है। परन्तु बार-बार मध्यावधि चुनाव और सरकार की अस्थिरता से मतदाता का अपने मत के प्रति और संसदीय प्रणाली के प्रति मोह भंग हुआ है। अधिसंख्य जनता के द्वारा मत का उपयोग न करना और इस नकारात्मक वोट को नजरअंदाज करना सिर्फ राजनीतिक चतुराई है। जिसके आधार पर सिर्फ मत पेटी में डाले गए मतों के आधार पर सर्वाधिक मत प्राप्त करने वाले प्रत्याशी को विजयी मान लिया जाता है।

जबकि मत विभाजन और नकारात्मक वोटों के कारण चुना हुआ प्रत्याशी सिर्फ, एक छोटे वर्ग का ही प्रतिनिधित्व करता है। जबकि हम उसे पूरे क्षेत्र का प्रतिनिधि मानते हैं। तदनुसार ही संसद में उसके मत की गणना होती है। मतों के अंक गणित की उस भूल-भुलैया ने ही धन-बल, भुजबल और सम्प्रदाय की राजनीति को जन्म दिया है। इसी पद्धति में अपना हित देखते हुए संसद सदस्य और राजनैतिक दल संसदीय प्रणाली का विकल्प ढुंढने हेतु तत्पर नहीं है। संसद सदस्य चुने जाने के पश्चात देश को पांच साल तक स्थिर सरकार देना उनका अहम् दायित्व है, परन्तु राजनैतिक दल जोड़-तोड़ द्वारा सत्ता प्राप्त करने हेतु सरकार बचाने या गिराने में ही व्यस्त रहते हैं, इसके कारण उनसे मतदाताओं की अपेक्षाएं पूर्ण नहीं हो रही हैं।

वर्तमान परिस्थितियों में जब मतदाता की अपेक्षाएं जन प्रतिनिधियों से पूर्ण नहीं हो रही है, सांसद स्वच्छंदता से पांच साल के जनादेश को नकारते हुए तीन वर्ष में तीन बार चुनाव की तरफ ले जा चुके है, बार-बार के मधयावधि चुनाव से देश की अर्थ व्यवस्था गंभीर

रूप से प्रभावित होती है और अस्थिरता भी बरकरार रहती है, फिर भी मतदाता से सिर्फ वोट की अपेक्षा करना और उसे लोकतंत्र के नाम पर सत्ता में भागीदारी का अहसास कराना लोकतंत्र के नाम पर छलावा ही कहा जायेगा। सरकार को गिराने या बचाने की राजनैतिक उठा-पटक में राष्ट्र, संविधान, समाज और मतदाता के हितों की जिम्मेवारी राजनैतिक दलों द्वारा लेने की दावेदारी मतदाता को खोखली और निरर्थक नजर आती है। परन्तु मतदाता के सामने सीमित विकल्प होने के कारण वह गूंगा और बेबस है। अस्थिर साझा सरकारों के दौर में मतदाता संसदीय प्रणाली के विकल्प के रूप में क्या सोचता है? इस पर किसी का ध्यान नहीं है।

राजनैतिक अस्थिरता के संक्रमण काल में 12वीं लोकसभा के भंग होने के पश्चात मध्यावधि चुनाव घोषित हो चुके हैं, परन्तु इसके पूर्व राजनैतिक अस्थिरता का ठोस विकल्प सामने आना चाहिए, अब मतदाता से यह उम्मीद करना कि सरकार के स्थायित्व के लिए वह आँख मूंदकर किसी एक दल को बहुमत प्रदान करे उचित नहीं है, इसके लिए राष्ट्रपति ही पहल कर सकते हैं क्योंकि संविधान में इसका कोई हल नहीं है।

केन्द्र में पाँच साल के लिए स्थिर सरकार की जब भी चर्चा होती है तो विकल्प तो कई सामने आते हैं, परन्तु संविधान के अंतर्गत उन पर प्रश्नवाचक चिन्ह लगा दिए जाते हैं। हाल ही में कई राष्ट्रीय नेताओं ने राष्ट्रीय सरकार, प्रधानमंत्री का सीधे चुनाव, लोकसभा की पांच साल की निश्चित अवधि, चुनाव के पूर्व किए गये राजनैतिक गठबंधनों को एक दल की मान्यता और राष्ट्रपति प्रणाली हेतु सुझाव दिये, ये सभी विकल्प राजनैतिक दलों को अपनी स्वच्छंदता में बाधक नजर आते हैं और संविधान में इनका उल्लेख भी नहीं है। कोई भी राजनैतिक दल दो-तिहाई बहुमत लाकर संविधान संशोधन कर सकेगा मुश्किल है। इस हेतु राजनैतिक दलों का एक होना भी असंभव प्रतीत होता है। अतः समय के अनुकूल राजनीतिक अस्थिरता के विकल्प हेतु हमें अपने

अतीत में झांकना चाहिए कि स्वतंत्रता के पश्चात ब्रिटिश पद्धति के संसदीय प्रजातंत्र को हमने उच्च आदर्शों के साथ अपनाया था। जो अभी तक इसलिए चला कि अधिकांश समय तक भारत में एक अखिल भारतीय कांग्रेस का वर्चस्व और केन्द्र में सरकार थी।

अब कांग्रेस पार्टी कुछ राज्यों तक सीमित हो गई है तथा केन्द्र की राजनीति में क्षेत्रीय दलों पर निर्भर है, जो अपने स्वार्थ के लिए किसी भी सीमा तक जा सकते हैं। क्षेत्रीय दल संसदीय प्रणाली की कमियों के अंतर्गत विकसित हुए हैं, जिनके वर्चस्व के कारण केन्द्र में किसी एक दल की सरकार बनना संभव नहीं है। यही गठबंधन और सरकार के स्थायित्व में बाधक है। संविधान में इसका काई विकल्प नहीं है, संविधान कोई ईश्वरीय आदेश भी नहीं है, कि इस पर विचार नहीं किया जा सके, संविधान में संशोधन के साथ यदि हमें इस संसदीय प्रणाली के स्थान पर राष्ट्रपति प्रणाली अपनाते हैं तो राजनैतिक दलों के अस्थायी गठबंधन स्वतः ही दो या तीन अखिल भारतीय राजनैतिक दलों में परिवर्तित हो जाएंगे, जिसकी देश को आवश्यकता है। इसके साथ देश को अस्थिर सरकार, जोड़-तोड़, खरीद-फरोख्त और प्रलोभन की घृणित राजनीति से निजात मिलेगी।

संसदीय प्रणाली के स्थान पर राष्ट्रपति प्रणाली अपनाने पर राष्ट्रपति का चयन सीधे जनता द्वारा होने के कारण राष्ट्रपति चुने हुए प्रतिनिधियों के बजाय मतदाता और राष्ट्र के प्रति अपनी प्रतिबद्धता महसूस करेगा ओर सरकार भी निर्बाध पाँच वर्ष तक चलेगी। इससे क्षेत्रीय दलगत स्वार्थ, अलगाववाद, सम्प्रदायवाद और जातिवाद की राजनीति पर भी अंकुश लगेगा, जिसका जन्म संसदीय प्रणाली के अंतर्गत हुआ है, जो सामाजिक विघटन के लिए उत्तरदायी है। सबसे बडी उपलब्धि तो यह होगी कि मतदाता का विश्वास लोकतंत्र में पुष्ट होगा और देश अस्थिरता से बाहर आकर विकास की तरफ अग्रसर होगा।

राष्ट्रपति प्रणाली पर यह आक्षेप लगाया जाता है कि इस प्रणाली के अंतर्गत तानाशाही आ सकती है जबकि यह निराधार कल्पना है,

मुस्लिम राष्ट्रों में जहाँ तानाशाही पनपी है, वहाँ से भारत की परिस्थितियाँ नितांत भिन्न हैं, राष्ट्रपति के कार्यों पर सदन के सदस्यों का नियंत्रण होता है। तानाशाही की कल्पना वे ही लोग करते हैं जो संसदीय प्रणाली के माध्यम से स्वच्छंदता का उपयोग करते रहे हैं वे ही साझा सरकारों की वकालत करते हैं। और इस देश की समस्याों का समाधान विदेशों के परिपेक्ष्य में करते हैं। जबकि भारत की संस्कृति और परिस्थितियां नितांत भिन्न हैं। संसदीय प्रणाली अभी तक इसलिए चली कि अधिकांश समय तक एक ही अखिल भारतीय राजनैतिक पार्टी का शासन रहा, अब कोई ऐसी अखिल भारतीय राजनैतिक पार्टी नहीं है। बेमेल के गठबंधन ओर सांझा सरकारों में नियति ढूंढने के बजाय हमें इस प्रणाली के विकल्प पर विचार करना चाहिए।

राजनैतिक दल चुनाव के माध्यम से ताजा जनादेश लेने के लिए आतुर है। मध्यावधि चुनाव के मतदान के साथ ही राष्ट्रपति प्रणाली के विकल्प पर भी जनादेश लिया जा सकता है। इसके लिये राजनैतिक दलों और राष्ट्रपति को पहल करना चाहिए। भारत के ही समान इटली में भी यही परिस्थितियां विकसित हुई थी वहाँ भी विकल्प हेतु जनादेश की पहल की गई थी। यही भारत में भी प्रासंगिक और समयानुकूल उचित है, कि 21वीं सदी में प्रवेश के पूर्व हम अपनी समस्याओं का उचित आकलन करे। प्रजातंत्र में बहुमत का महत्व है, परन्तु मतदान के कम प्रतिशत और असंख्य प्रत्याशियों की भीड में, मत विभाजन के कारण कुल मतदाता के सिर्फ 10-12 प्रतिशत मत प्राप्त कर ही प्रत्याशी संसद सदस्य बन जाते हैं। इन संसद सदस्यों को देश के सारे मतदाताओं का आईना मानना, आईना के समान ही भ्रम है। अर्थात संविधान संशोधन या राष्ट्रपति प्रणाली हेतु सीधा जनादेश ही सर्वोत्तम विकल्प है। इसके लिए संसद सदस्यों पर निर्भर रहना बहुमत के साथ न्याय नहीं है। मध्यावधि चुनाव की घोषणा के साथ इस संसदीय प्रणाली में परिवर्तन हेतु जनादेश के लिए पहल की जा सकती है।

15

भूकम्प - प्राकृतिक और मानव कृत त्रासदी भी

भूकम्प का कम्पन आज मानवीय त्रासदी के रूप में मानव के दिल दिमाग पर छाया हुआ है। भूकम्प की भविष्यवाणी करना वैज्ञानिकों के लिए टेढ़ी खीर है। ज्योतिषाचार्य भी सिर्फ अनुमान ही लगा सकते हैं। पृथ्वी पर किस जगह कब भूकम्प आएगा इसका आकलन करना मानवीय प्रयत्नों के बाहर है। एतदर्थ सामान्यतः इसे प्राकृतिक आपदा या दैवीय प्रकोप मान लिया जाता है। हकीकत में यह प्राकृतिक और मानवकृत त्रासदी भी है। विज्ञान के विभिन्न क्षेत्रों में अनगिनत आविष्कारों और प्रौद्योगिक उन्नति के बावजूद भूकम्प की त्रासदी का विकल्प प्राप्त न होना और उसका पूर्वानुमान न लगा पाना मानवीय चिन्ता का विषय है।

आज यह सर्वज्ञात तथ्य है कि पृथ्वी सौरमण्डल का एक ग्रह है। नेबुलर परिकल्पना के अनुसार सौर मण्डल के निर्माण के पूर्व एक 'नेबुला' था जिंसमें विस्फोट से गैसीय पिण्डों का निर्माण हुआ, कालान्तर में यह गैस पिण्ड ठण्डे होते गए जिन्हें हम ग्रह कहते हैं। सौरमण्डल के ग्रहों में सिर्फ पृथ्वी पर जीवन है तथा सूर्य इस सौर मण्डल में ऊर्जा का स्त्रोत है। पृथ्वी पर जीवन, सौर मण्डल में इसकी विशिष्ट स्थिति, पर्यावरण तथा वायुमण्डल में स्थित ओजोन गैस की परत के कारण है, जो सूर्य की घातक पराबैंगनी किरणों से पृथ्वी पर जीवन की रक्षा करती है, जो प्रकृति के अंतर्गत क्रमिक विकास के द्वारा अपनी वर्तमान अवस्था

में पहुँचा है। प्रकृति एक तंत्र के अंतर्गत क्रियाशील है, जिसके मुख्यतः दो प्रमुख घटक है - जीवित और अजीवित। इन घटकों में साम्यता और सन्तुलन प्रकृति की व्यवस्थित कार्यप्रणाली के लिए आवश्यक है, जिसमें प्रत्येक घटक का अपना महत्व है। सौरमण्डल में विभिन्न ग्रहों की स्थिति और गति उनमें उत्पन्न शक्ति में संतुलन का परिणाम है, जिसे सामान्यतः गुरूत्वाकर्षण शक्ति कहा जाता है। अर्थात साम्यता और संतुलन सृष्टि का मूल आधार है। जब यह असंतुलित हो जाता है, तो प्राकृतिक प्रकोप मानवीय त्रासदी के रूप में हमारे सामने आते हैं, जिससे तात्पर्य है कि मनुष्य अपने बौद्धिक विकास और जनसंख्या वृद्धि के साथ स्वयं ही प्राकृतिक असंतुलन का कारक है, जिसका परिणाम भूकम्प तथा अन्य प्राकृतिक प्रकोप है।

पृथ्वी सम्बन्धी जो भी वैज्ञानिक ज्ञान है, उसके अनुसार पृथ्वी प्रारम्भ में एक घने, धुम्रयुक्त अत्यधिक गरम गैस पिण्ड के रूप में थी, शनैः-शनैः ठण्डे होने के साथ पृथ्वी की ऊपरी सतह सतत कठोर होती गयी तथा जल वाष्प के शीतलीकरण के फलस्वरूप पृथ्वी की ऊपरी सतह पर जल एकत्रित हो गया, जो महासागर, नदियों और झीलों के रूप में हमारे सामने है। पृथ्वी की ऊपरी सतह जिसे भू-परपटी कहते हैं ठोस है। शेष नीचे के भाग में गर्म तरल गाढ़ा पदार्थ भरा हुआ है, अर्थात पृथ्वी अभी पूर्णतः ठण्डी नहीं हुई है तथा पृथ्वी के अन्दर भू-गर्भीय हलचलें होती रहती हैं, जिसका प्रभाव पृथ्वी की सतह पर एक सीमा के पश्चात ही द्रष्टिगोचर होता है।

पृथ्वी की ऊपरी परत भू-परपटी का निर्माण पिघले हुए तरल पदार्थ-लावा के शीतलीकरण तथा दृढ़ीकरण के द्वारा हुआ है। दृढ़ीकरण की यह प्रक्रिया अभी भी पूर्ण नहीं हुई है। दृढ़ीकरण के फलस्वरूप पृथ्वी की बाहरी ठोस पर्त महाद्वीपों के क्षेत्र में 20 से 25 मील मोटी तथा समुद्री भागों में 3 से 5 मील या कम मोटी है। मुख्यतः यह बेसाल्ट चट्टानों के द्वारा निर्मित है। बेसाल्टिक पर्तों से ऊपर की तरफ उभरे हुए भाग महाद्वीप है। ये महाद्वीप बेसाल्ट चट्टानों की अपेक्षा नरम चट्टानों

ग्रेनाइट के द्वारा निर्मित है। जो समुद्र में बहते हुए हिमखण्डों के समान है। पृथ्वी की सतह पर महाद्वीपों का 90 प्रतिशत भाग बेसाल्ट की चट्टानों में धंसा हुआ है।

पृथ्वी पर भिन्न-भिन्न भागों में उपस्थित क्रियाशील ज्वालामुखियों से पिघले हुए लावा के निकलने से यह स्पष्ट होता है कि भू-परपटी के नीचे गरम, गाढ़ा तरल पदार्थ उपस्थित हैं इसे मेगमा या लावा कहा जाता है। तरल चट्टानों का यह भाग दो पर्तों के द्वारा बना हुआ है, जो क्रमशः 600 मील और 1200 मील के गहराई तक है। इस भाग को मेण्टल कहा जाता है। मेण्टल के ऊपरी भाग में हो रही क्रिया प्रतिक्रियाएं ज्वालामुखी और भूकम्पों का केन्द्र है। इसके नीचे दो पर्त वाते भाग को कोर कहा जाता है। इस भाग में पिघला हुआ नीकल और लोहा भरा हुआ है। कोर का तापक्रम लगभग 6000 डिग्री सेल्सियस है। जो सूर्य की बाहरी सतह के तापक्रम के बराबर है। इस भाग का व्यास 4400 मील है। इस भाग में ताप नाभिकीय अभिक्रियाएं होती रहती हैं। इन अभिक्रियाओं के फलस्वरूप पृथ्वी के गर्भ में दबाव उत्पन्न होता है, जो भूगर्भीय उथल-पुथल तथा भूकम्प का कारण है। भूगर्भीय उथल-पुथल के कारण ही हिमालय पर्वत श्रृंखला का निर्माण हुआ है, जहां पहले कभी 'टेथिस' नामक समुद्र था।

पृथ्वी के गर्भ में तरल गाढ़ा पदार्थ होने से पृथ्वी के अपने अक्ष पर गति के कारण एक आन्तरिक डायनामों विकसित हो जाता है। जिसके कारण ही पृथ्वी का अपना भूचुम्बकीय क्षेत्र और भू-चुम्बकीय परिधि है, जो पृथ्वी को अपने स्वरूप में स्थिर रखे हुए है तथा सूर्य के चुम्बकीय क्षेत्र से सुरक्षित है। पृथ्वी सम्बन्धी आधुनिक ज्ञान के अनुसार पृथ्वी के महाद्वीप विवर्तनीय प्लेटों पर स्थित है। किसी समय यह सब मिले हुए थे, इस एक भू-भाग को 'पेंगिआ' कहा जाता था। कालान्तर में यह भू-भाग दो भागों लारेशिया और गोन्डवाना भू-भाग में विभक्त हुआ और उसके पश्चात ये भू-भाग सात महाद्वीपों में विभक्त हो गए, ये महाद्वीप प्लेटों पर स्थित है। इन प्लेटों में आज भी गति होती है, तथा

इनकी मोटाई भिन्न-भिन्न है, इन्हें 'क्रस्टल प्लेट्स' कहा जाता है। महासागरों में इन प्लेटों की गहराई कम तथा महाद्वीपों में इनकी गहराई अधिक है। इन प्लेटों की उथल-पुथल और गति के कारण भूकम्प आते हैं। वेजनर के महाद्वीपीय विस्थापन सिद्धान्त के अनुसार केवल महाद्वीपों का ही विस्थापन नहीं होता वरन् विस्थापन क्रस्टल प्लेटों का भी होता है।

प्लेट विवर्तनी सिद्धान्त के अनुसार ये प्लेटें अत्यन्त धीमी गति से निरन्तर गतिशील है। कभी-कभी पृथ्वी के अंदर का पिघल हुआ पदार्थ गति के कारण इन प्लेटों के बीच में भर जाता है। कुछ क्षेत्रों में यह पदार्थ बाहर आने का प्रयत्न करता है और जहां नर्म चट्टानें होती हैं वहां से निकलकर ज्वालामुखी के रूप में बाहर आता है। कभी-कभी ये प्लेटें एक दूसरे को धक्का देती हुई खिसकने लगती हैं, जिससे चट्टानें टूट जाती हैं। चट्टानों के टूटने से भी पिघला हुआ गर्म लावा ऊपर की गति करके बाहर निकलने लगता है जो ज्वालामुखी के रूप में फटता है तथा प्लेटों के टकराव के कारण जो विस्फोट होते हैं उसके कारण भूकम्प आते हैं। ये विस्फोट कई हाईड्रोजन बम की क्षमता वाले होते हैं। पृथ्वी के कम्पन को सिस्मोमीटर द्वारा सिस्मोग्राम पर रिकार्ड किया जाता है तथा कम्पन की शक्ति को रेक्टर स्केल पर नापा जाता है। प्रत्येक रेक्टर स्केल में एक अंक की वृद्धि दस गुना अधिक शक्ति की सूचक है।

पृथ्वी के गर्भ में हो रही हलचल और विस्फोटों का अनुमान लगाना संभव नहीं है इसीलिए भूकम्प का पूर्वानुमान भी संभव नहीं है, परन्तु भूकम्प के कम्पनों द्वारा पृथ्वी पर स्थित भू-भागों का आकलन किया जा सकता है जो भूकम्प की परिधि में आते हैं। इन्हें सिस्मिक बेल्ट कहा जाता है जिससे तात्पर्य है कि इन स्थानों में पृथ्वी की सतह इतनी कमजोर हो गयी है कि यहाँ भूकम्प का प्रभाव अवश्यंभावी है। इससे यह भी तात्पर्य निकलता है कि जिस संतुलन और साम्यता के द्वारा ये क्षेत्र भूकम्प से सुरक्षित थे, उस संतुलन में असंतुलन उत्पन्न हुआ है, क्योंकि पृथ्वी का अस्तित्व और पृथ्वी पर जीवन प्रकृति और प्रकृति के घटकों में साम्यता और संतुलन का परिणाम है।

पृथ्वी का अस्तित्व इसलिए बना हुआ है कि पृथ्वी के गुरूत्वाकर्षण बल और बाहरी गुरूत्वाकर्षण बल में साम्यता और संतुलन है। पृथ्वी पर जीवन का कारण पृथ्वी पर पर्यावरण की उपस्थिति तथा पृथ्वी की सतह से करीब 25 किलोमीटर ऊपर स्ट्रेटोस्फेयर में ओजोन पर्त की उपस्थिति है। पर्यावरण में असंतुलन पृथ्वी पर जन जीवन को प्रत्यक्ष रूप से प्रभावित करता है तथा अप्रत्यक्ष रूप से पृथ्वी और पर्यावरण के मध्य स्थापित संतुलन में असंतुलन भी उत्पन्न होता है जो भूगर्भीय हलचलों को तीव्र करता है। भू-परपटी की कठोरता पृथ्वी की रक्षक है जो पृथ्वी के गर्भ की गर्मी को ऊपर नहीं आने देती है। जब भी भू-परपटी दबाव और गर्मी के कारण नर्म पड़ती है तब ही भूकम्प की तीव्रता भी अधिक होती है।

पृथ्वी के गर्भ में स्थित भू-गर्भ जल का दबाव लावा को ऊपर आने से रोकता है तथा अंदर के तापक्रम को नियंत्रित रखता है। एतदर्थ यह आवश्यक है कि भू-गर्भ जल के दोहन पर नियंत्रण हो तथा पृथ्वी पर जलाशयों, नदी, कुओं, बावड़ियों, छोटे बांधों तथा तालाबों के माध्यम से पृथ्वी पर जल संग्रह करना तथा उसी का उपयोग ही पृथ्वी के भविष्य को संकटहीन बना सकता है। इन स्त्रोतों में जल की पूर्ति वर्षा के माध्यम से हो जाती है तथा इनकी सतह से पानी पृथ्वी में जाकर भूगर्भ जल के स्तर को कायम रखने में सहायक है। यही जल पथ्वी और उसके बाहरी तापक्रम में साम्यता का कारक है अर्थात भू-गर्भ जल पृथ्वी के संतुलन का एक आधार है तथा पर्यावरण में संतुलन पृथ्वी पर जीवन का आधार है तथा पृथ्वी के अपने अक्ष पर गति से उत्पन्न भू-चुम्बकीय बल और भू-चुम्बकीय परिधि इसका तीसरा आधार है। जिसके कारण पृथ्वी में गुरूत्वाकर्षण बल है। ये ही कारक पृथ्वी को अपने स्वरूप में स्थिर रखने में सहायक है। पृथ्वी पर जीवन भी इसी संतुलन और साम्यता का परिणाम है, जिसमें जीवित और अजीवित घटकों में संतुलन तथा स्वपोषी, पेड-पौधों और इतरपोषी, जीव जन्तुओं में संतुलन और साम्यता व्यवस्थित व सुसंचालित प्रकति चक्र का आधार है।

विगत वर्षों में जनसंख्या वृद्धि के साथ खनिजों, भू-गर्भ जल का दोहन नलकूपों और हेण्डपंपों के द्वारा अत्यधिक किया गया है, जिससे भू-गर्भ जल स्तर सामान्य स्तर से अत्यधिक नीचे चला गया है। भूमिगत जल स्त्रोतों के सुखने से भू-परपटी के अन्दर की दरारें खोखली हुई है और रिक्तता के कारण भू-परपटी कमजोर पड़ने लगी है। भू-कम्पन उन्हीं क्षेत्रों में आसानी से महसूस किया जा सकता है, जहां भू-परपटी कमजोर है, जिन्हें हम सिस्मिक बेल्ट कहते हैं। भूकम्प संवेदी क्षेत्रों का ज्ञान इस बात में सहायक हो सकता है कि यहां आपदा प्रबंध के पुख्ता इंतजाम किए जाएं तथा भू-गर्भ जल स्तर ऊपर लाने के प्रयत्न किए जा सकते हैं। पृथ्वी पर पर्यावर्णीय संतुलन को कायम रखने हेतु सघन वृक्षारोपण भूकम्प आपदा के प्रभाव को कम कर सकता है। भू-मण्डलीय स्तर पर निरन्तर तापक्रम कें वृद्धि से जहां पहाड़ों की बर्फ पिघलने से पृथ्वी पर जल प्लावन का खतरा है, वहीं वातावरण में अत्यधिक गर्मी के कारण अत्यधिक वाष्पीकरण भी अवश्यंभावी है। जिससे पेयजल त्रासदी संभव है अर्थात पृथ्वी के भीतरी और बाहरी तापक्रम के असंतुलन के कारण भूकम्प की आवृत्ती और तीव्रता में वृद्धि सम्भव है।

पृथ्वी के गर्भ में भू-गर्भीय हलचलें और तापनाभिकीय अभिक्रियाएं निरन्तर होती रहती हैं, जिन्हें हम महसूस नहीं कर पाते हैं। यह तो जब पृथ्वी के गर्भ में अत्याधिक दबाव उत्पन्न हो जाता है, तब इसका प्रभाव दिखाई देता है अर्थात हर स्तर पर साम्यता और संतुलन ही महत्वपूर्ण है। इस साम्यता और संतुलन में मनुष्य अपनी अनियंत्रित प्रकृति दोहन क्रियाओं के द्वारा असंतुलन उत्पन्न करता है, जो प्राकृतिक प्रकोपों का कारण है, अन्यथा प्रकृति अपने आप में पूर्ण है और प्राकृतिक संतुलन कायम रखना प्रकृति का अपना नैसर्गिक कार्य है।

16

उपसंहार

नई सहस्त्राब्दी का आगमन और संविधान समीक्षा चर्चित विषय हैं। सहस्त्राब्दी कब प्रारम्भ होगा और संविधान समीक्षा होना चाहिए या नहीं इस पर पर्याप्त बौद्धिक जुगाली की गई, जिनमें सबके अपने-अपने तर्क हो सकते हैं, परन्तु हम क्या थे? क्या हैं? और क्या होना चाहिए? इस पर चिन्तन नहीं किया गया। स्वहित कुछ भी हो सकते हैं, वर्ग हित भी हो सकते हैं, राष्ट्र हित भी कुछ है, इसका अहसास भी होना चाहिए, अन्यथा विश्व के परिप्रेक्ष्य में राजनीतिक अस्थिरता, वर्ग संघर्ष आदि राष्ट्र की उन्नति में बाधक है। राष्ट्र उन्नत और संसार में साख है तो हमारे हित साधन भी स्वतः होना है। संसदीय प्रजातंत्र में हमारी कमजोरी यही है कि हम व्यक्तिगत और वर्गहित की चर्चा अधिक करते हैं, लक्ष्य पूर्ति का संकल्प नहीं करते। फलतः समस्याएं ज्यों की त्यों बनी रहती है अर्थात् व्यक्ति और वर्ग हित से उपर उठकर राष्ट्रहित का संकल्प ले तो हमारा नई सहस्त्राब्दी में प्रवेश और संविधान समीक्षा सार्थक होगी।

स्वतंत्रता प्राप्ति के पश्चात् हमारे सामने सीमित विकल्प थे, आज हम एक ऐसे मुकाम पर हैं कि अपनी समस्याओं का सही आकलन कर अपना देश, अपनी संस्कृति, अपने लोग और अपना साझा भविष्य को लेकर चिन्तन कर सकते हैं। भारत विभिन्नताओं को आत्मसात करने वाला देश है परन्तु विगत् वर्षो में इसके विपरीत विभिन्नताओं को उभारा गया, जो अविश्वास, और असहिष्णुता का कारण है। इस समस्या का विज्ञान सम्मत हल हम अपनी सांस्कृतिक विरासत में खोज सकते हैं। जितने उच्च स्तर पर समस्या उभर कर सामने आई है, उसका हल भी

उतने ही उच्च स्तर पर जाकर खोजा जा सकता है। अर्थात् 'धर्म' शब्द आज एक अतिसंवेदनशीलता का पर्याय है, जिसे संगठनों के साथ जोड़ कर मध्य युग में शासकों के द्वारा शासन किए गए, यह स्थिति आज तो संभव नहीं है, परन्तु विश्व में धर्म के नाम पर उभरते आतंकवाद को उसका अहसास तो कहा जा सकता है। एतदर्थ 'धर्म' क्या है? इसका अहसास होना भी आवश्यक है, 'धर्म' के साथ अध्यात्म को जोड़ने की परम्परा से हम भ्रमित हैं, जबकि धर्म और अध्यात्म में, धर्म प्रत्यक्ष जीवन का कारक है और अध्यात्म का सम्बन्ध अप्रत्यक्ष ईश्वर की सत्ता से है। संसार मे बुद्धिजीवी और वैज्ञानिक मनुष्य को दो वर्ग में बंटा हुआ ही देखते हैं सामान्यत: वे इसे आस्था-अनास्था के अन्तर्गत आस्तिक और नास्तिक कहते हैं। उनका यह सोच है कि वैज्ञानिक उन्नति के साथ लोग ईश्वर की सत्ता और उसके भ्रमजाल से मुक्त हो जाएंगे। उन्होंने कभी यह प्रयत्न नहीं किया कि ईश्वर क्या है? किसे ईश्वर कहा जा रहा है। ईश्वर को मानना न मानना व्यक्तिगत पहलू हो सकता है परन्तु उसे नकार कर नैतिक कर्त्तव्यों की अवहेलना का साधन बनाना, अध्यात्मिक आस्था से अधिक खतरनाक है। दुर्भाग्य से भारत में परम्पराओं, कर्मकाण्डों और अंधविश्वासों को नकारने के नाम पर अपने नैतिक कर्त्तव्यों को भी नकारा गया। जबकि अपने कर्त्तव्यों का बोध होने पर ही इनकी निरर्थकता का ज्ञान होता है, उसे स्थित प्रज्ञ कहा जाता है। अर्थात् कर्मकाण्ड, पूजा पद्धति और परम्पराओं के प्रति निरपेक्ष होना पर्याप्त नहीं है, इसके साथ अपने कर्त्तव्यों के प्रति समर्पित होना भी आवश्यक है, तब ही सही अर्थो में प्रगतिशीलता कही जाएगी।

संसदीय प्रजातन्त्र, भारत में ब्रिटिश शासकों और बिटिश प्रजातन्त्र की विरासत का प्रतीक है, जो भारत को वर्गो में विभाजित करने में सफल रहा है। स्वतन्त्रता के पूर्व बिटिश शासकों ने सत्ता के विकेन्द्रीयकरण के अन्तर्गत भारत को सीमित प्रजातंत्र का तोहफा दिया, जिसमें वर्ग विभाजन और विघटन के बीज शामिल थे। जो स्वतन्त्रता के समय में भारत के विभाजन की नियति बना। स्वतन्त्रता के पश्चात भी संसदीय प्रजातन्त्र को अपनाने से भारतीय जनता वर्गो में अधिक विभाजित हुई है।

स्वतन्त्रता के समय भारत से तो पाकिस्तान अलग हुआ ही उसके पश्चात पाकिस्तान से भी बंगलादेश अलग हुआ और भारत के सीमावर्ती प्रदेशों में अपनी विशिष्ट पहचान के अन्तर्गत अलगाववादी संगठन अपने अलगाव का अलख जगाए हुए है। यदि इस पर गौर करें तो वर्गवाद तथा विघटन का बीज ब्रिटिश सरकार द्वारा प्रदत्त सीमित प्रजातंत्र के अंतर्गत संसदीय प्रणाली मे है, इस पर अंकुश राष्ट्रपति प्रणाली द्वारा संभव है। इसे चाहे हम स्वीकार न करें, परन्तु इस पर विचार तो हो सकता है। हम प्रजातन्त्र में विश्वास करते हैं, प्रजातन्त्र हमारे लिए संजीवनी भी है, परन्तु कुछ चुने हुए प्रतिनिधियों, जिनका चयन तत्कालीन मुद्दों के अनुसार होता है, उनके मत को सम्पूर्ण जनता का मत मानना जनता के साथ न्याय नहीं है।

स्वतन्त्रता के पश्चात हमारा प्रजातन्त्र परिपक्व हुआ है, जनता नेताओं से अधिक जागरुक है, परन्तु हमने उसे सीमित प्रजातन्त्र के अन्तर्गत एक सीमित विकल्प के दायरे में बांध रखा है। राष्ट्र के सम्बन्ध में जनता क्या सोचती है, उसका सीधा संवाद शासन के साथ होना चाहिए। विगत पचास वर्षों से हम संविधान का उपयोग कर रहे हैं, जनता भी कुछ-कुछ संविधान से परिचित हुई है, यद्यपि उसके हितों की व्याख्या उस उसके वकीलों के माध्यम से ही मिलती है। फिर भी जिस जनता के माध्यम से शासन का गठन होता है, उसकी राय प्रजातन्त्र के अन्तर्गत संसदीय प्रणाली या राष्ट्रपति प्रणाली के शासन हेतु ली जा सकती है। अर्थात् प्रजातन्त्र की परिपक्वता के साथ जनता भी परिपक्व और प्रौढ़ हुई है, उसे सिर्फ प्रतिनिधियों और चन्द बुद्धिजीवियों के आईने में देखना प्रजातन्त्र के साथ न्याय नहीं है, बुद्धिजीवी, जो अपराधिक प्रवृत्ति के लोगों के चुनाव में जीत जाने पर जनता को दोष देते हैं, वे अकसर इस तथ्य को भूल जाते हैं कि एक सीमित क्षेत्र और सीमित विकल्प के अन्तर्गत किसी एक को अपना प्रतिनिधि चुनना जनता की मजबूरी है। वोट न देने पर उसे ही अनपढ़-गंवार कह कर यह प्रतिपादित करते हैं कि जनता को प्रजातन्त्र के महत्व का ज्ञान नहीं है।

किसी भी चीज़ का अंधानुकरण समय के साथ विपरीत दिशा में भी ले जा सकता है, इस हेतु नीर-क्षीर विवेक के साथ परिस्थितियों का आकलन जागरुकता का परिचायक है। वर्तमान परिस्थितियों में विज्ञान और प्रौद्योगिकी के विभिन्न क्षेत्रों में विकास के साथ प्रकृति का अत्यधिक दोहन अंधानुकरण का पर्याय होकर प्रकृति में असन्तुलन और अवांछनीय परिवर्तनों का कारण है, जिसके फलस्वरुप पृथ्वी की जीवन रक्षक 'ओजोन परत' का क्षरण तथा 'ग्रीन हाऊस प्रभाव' के कारण तापक्रम में वृद्धि के कारण पृथ्वी पर जीवन के लिए संकट उत्पन्न हो गया है। इसी प्रकार वैदिक सभ्यता के काल के पश्चात वैदिक ज्ञान की तात्कालीन परिस्थितियों के अनुसार ब्राह्मण ग्रन्थों में व्याख्या की गई थी, जिसका अंधानुकरण आज तक जारी है। अर्थात् आधुनिक या पुरातन कोई भी चीज न तो पूर्णतः ग्राह्य है और न ही पूर्णतः त्यज्य। उनका समयानुकूल वांछित उपयोग ही अभीष्ट होना चाहिए। इस दृष्टि से वेद, पृथ्वी पर मानव जीवन की धरोहर है, आदि सभ्यता के प्राचीनतम ग्रन्थ होने के कारण भी हमारे लिए महत्वपूर्ण है इनसे तथ्यपरक जानकारी प्राप्त करना और भविष्य की राह खोजना हमारा अभीष्ट होना चाहिए। इस दृष्टि से वेदों का सृष्टि विषयक विश्लेषण विकासवाद से ओतप्रोत है, जो सृष्टि विकास के आधुनिक दृष्टिकोण के अनुरुप है, पृथ्वी पर जीवन के लिए आवश्यक ओजोन पर्त और पृथ्वी का चुम्बकीय आवरण जो भू-चुम्बकीय अभिक्रियाओं और तत्वों के आयनीकरण का क्षेत्र है, इसका उल्लेख भी वेदों में मिलने के कारण यह स्पष्ट प्रतीत होता है कि पृथ्वी पर उत्पन्न वर्तमान परिस्थितियों का सामना, पृथ्वी पूर्व में भी कर चुकी है। तद्नुसार संकेत ग्रहण कर हम आगे की राह खोज सकते हैं। वैदिक ज्ञान का सार यही है कि पृथ्वी पर जीवन के लिए प्रकृति और प्रकृति के घटकों के साथ साम्यता आवश्यक है, यह तब ही संभव है जब पृथ्वी पर सभी मनुष्य एक समान, मन, विचार और हृदय से संकल्प के साथ एक होकर प्रकृति और प्रकृति के घटकों के साथ सौहार्द्र सहित साम्यता हेतु समन्वित प्रयास करे। अन्यथा प्रकृति अपने आप में सक्षम है, जो एक सीमा तक ही अपने घटकों में असन्तुलन बर्दाश्त

करती है। अर्थात् विश्व स्तर पर प्रकृति का संरक्षण हमारा प्रथम उद्देश्य होना चाहिए, जिसमें प्राणी मात्र का हित है और यही मनुष्य का पृथ्वी पर मानवोचित धर्म है।

वस्तुतः स्वतंत्रता प्राप्ति के पश्चात हम नए और पुराने मूल्यों के मध्य सामंजस्य स्थापित नहीं कर पाए। नए विचारों के अन्तर्गत हमने कार्ल मार्क्स के सिद्धान्त 'धर्म-अफीम' है को अपनाया, जबकि हमारे यहां महर्षि चार्वाक का भौतिक दर्शन पहले भी था। अध्यात्म भी एक विचारधारा है, जो करोड़ों-अरबों लोगों की भावना और जीवन जीने का साधन है, कुछ लोगों के पूर्वाग्रह और चन्द लोगों के स्वार्थ के प्रभाव में हमने धर्म और अध्यात्म को महत्व नहीं दिया, इसे प्रगतिशीलता का प्रतीक समझते हुए लोगों को उनके हाल पर छोड़ दिया, जबकि अध्यात्म ऊर्जा चक्र का सन्देश देता है। सभी अध्यात्मिक मत और पंथ एक ही मूलभूत सत्य के इर्द-गिर्द घूमते हुए एक ही सत्य उद्घाटित करते हैं कि सृष्टि एक मौलिक ऊर्जा का रुपान्तरण है, जिसे महान् वैज्ञानिक अलबर्ट आईन्स्टीन ने $E=mc^2$ जिससे तात्पर्य है ऊर्जा और पदार्थों का परस्पर विनिमय संभव है के द्वारा अभिव्यक्त किया है। इसे ही वे एक और अनेक के रुप में ग्रहण करते हैं। धर्म-पृथ्वी पर नैतिक कर्त्तव्यों के पालन का द्योतक है। मूक प्राणी इसका पालन प्रकृति के अन्तर्गत करते हैं, मनुष्य यदि इसका पालन किसी ईश्वर में आस्था के अन्तर्गत करता है तो यह उसकी व्यक्तिगत मानसिकता है। अन्यथा पृथ्वी पर सबका धर्म एक है, जो मनुष्य ही नहीं प्रकृति के समस्त घटकों के साथ सद्भाव का सन्देश देता है।

संक्षिप्त में संविधान समीक्षा और धर्म का उपसंहार किया जाए तो संविधान का मूल उद्देश्य सभी की भावनाओं को आत्मसात करके सबको साथ रखने का है, इसमें व्यक्तिगत या सम्प्रदायगत स्वार्थों के लिए स्थान नहीं है। परन्तु सर्वमान्य तथ्यों को स्वीकार करके उन्हें संविधान में स्थान देना एक नैतिक सरकार का दायित्व है। इस दृष्टि से समस्त अध्यात्मिक मत, पंथ और सम्प्रदायों के सर्वमान्य सिद्धांतों पर किसी को

आपत्ति भी नहीं होगी और सत्य भी सार्वजनिक रुप से सबके सामने होगा। एक स्वतंत्र राष्ट्र के नागरिकों को मौलिक अधिकारों के साथ मौलिक कर्त्तव्यो का भी एहसास होना राष्ट्र धर्म के लिए आवश्यक है। मौलिक कर्त्तव्यो का एहसास ही राष्ट्र धर्म है, जो मातृभूमि - देश और प्रकृति के साथ एकाकार है।

सार्वभौम धर्म

आधुनिक परिप्रेक्ष्य में सरकार पर्यावरण और प्रकृति के संरक्षण के लिए कटिबद्ध है, कोई भी अध्यात्मिक मत, पंथ या सम्प्रदाय प्रकृति से अलग या उससे ऊपर नही है। इस दृष्टि से भारत के प्रत्येक नागरिक के लिए प्रकृति के अन्तर्गत प्रकृति के प्रत्येक घटक के साथ सौहार्द्र, सहिष्णुता और सहअस्तित्व की भावना के साथ अपने विहीत नैतिक कर्त्तव्यों का पालन धर्म है। प्रकृति के साथ तादात्म्य पृथ्वी पर आदर्श जीवन की कुंजी है अर्थात् प्रकृति का प्रत्येक घटक उपयोगी और प्रकृति में सन्तुलन के लिए आवश्यक तथा अपरिहार्य है, एतदर्थ प्रकृति के किसी भी घटक का अनावश्यक और अनियंत्रित उपयोग अधर्म है। यह सार्वभौम धर्म प्रत्येक मनुष्य के लिए एक है, जिसका पालन प्रत्येक नागरिक का पहला कर्त्तव्य है।

अध्यात्मिक सत्य

पृथ्वी पर जितने भी अध्यात्मिक मत, पंथ और सम्पप्रदाय हैं, वे सभी एक ही मूलभूत सत्य मनुष्य के नैतिक कर्त्तव्य की तरफ ध्यान आकर्षित करते हैं, जिनके अन्तर्गत मनुष्य किसी एक परमेश्वर में अपनी आस्था और विश्वास के अनुसार अपने स्व कर्त्तव्यों का पालन करता है या समस्त सृष्टि को परमेश्वर का अवतरण मानकर अपनी आस्था और विश्वास के अनुसार अपने विहीत कर्त्तव्यों का पालन करता है। अथवा किसी भी ईश्वर में आस्था-विश्वास न रखते हुए, अपने विहीत कर्त्तव्यों का पालन करता है। यह मनुष्य की अपनी व्यक्तिगत स्वतंत्रता है, परन्तु कर्त्तव्य पालन प्रमुख है।

इसके अन्तर्गत मनुष्य अपने समाज, जाति, पंथ और सम्प्रदाय जिसका वह अंग है, उसके रीति-रिवाजों, परम्पराओं, कर्मकाण्डों, पूजा पद्धतियों तथा उपासना के लिए स्वतंत्र है। स्वयं का मानसिक स्तर और रुचि इसमें प्रमुख है, अतः दूसरों की भावनाओं का आदर करते हुए, किसी की भी भावनाओं को चोट न पहुंचे इसका ध्यान रखना प्रत्येक नागरिक का कर्त्तव्य है।

अध्यात्मिक एकता

समस्त अध्यात्मिक मत, पंथ और सम्प्रदाय मनुष्य से सामाजिक नैतिक कर्त्तव्यों के पालन की अपेक्षा करते हैं इसी में आदर्श जीवन का आधार है। क्योंकि प्रत्येक क्रिया की प्रतिक्रिया एक वैज्ञानिक तथ्य है, जिससे तात्पर्य है कि कोई भी कर्म निष्फल नहीं है, उसका प्रतिफल उस कर्म के अनुरुप प्राप्त होगा यह फल कैसे प्राप्त होगा, मनुष्य अपनी आस्था और विश्वास के अनुसार इसे पुनर्जन्म, स्वर्ग-नरक या कयामत के समय स्वर्ग-नरक का फैसला मानने के लिए स्वतंत्र है। यह भी सर्वमान्य तथ्य है कि प्रत्येक मनुष्य को अपने कर्मो का फल स्वयं ही भोगना है, इसमें कोई भी भागीदार नहीं हो सकता है। अर्थात् मनुष्य को अपनी स्व प्रेरणा से अपना कर्त्तव्य कर्म करना, उसके स्वयं के हित में है, क्योंकि उसके विचार और कर्म स्वयं उसके गवाह और भाग्य विधाता है। भारत मे सभी नागरिक समान रूप से एक ही पर्यावरण और प्रकृति के अंतर्गत जीवन के सफर में हम सफर है, अतः मनुष्य-मनुष्य में किसी भी मत, पंथ या सम्प्रदाय के आधार पर विद्वेश या विभेद प्रकृति जन्य अपराध है। जिसके दण्डात्मक प्रावधान संविधान मे है।

मुगल काल में बादशाह अकबर ने 'दीन ए इलाही' नामक पंथ चलाकर इस देश को एक सूत्र मे बांधने का प्रयत्न किया था। आधुनिक युग मे किसी नए पंथ की आवश्यकता नहीं है। परन्तु मनुष्य को पृथ्वी पर उसके सार्वभौम धर्म, जो अनादि काल से पृथ्वी पर मनुष्य के साथ जुडा हुआ है। उसकी प्रतीति कराना भी संविधान का धर्म है। प्रकृति जन्य सार्वभौम धर्म जिसका संबध प्रकृति और प्रकृति के घटको के

संरक्षण और युक्ति युक्त आवश्यक्तानुसार उपयोग के लिए है। इसे संविधान में मौलिक कर्त्तव्यों मे शामिल करके, हम विश्व को शान्ति और सद्भाव का संदेश तथा भारतीय जनता को नई दिशा देकर अध्यात्मिक एकता और स्वतंत्रता का एहसास करा सकते है।

परिशिष्ट

SPARKS FROM VEDA

16.1 Vedic Concept of Biosphere

Due to the rapid industrialization, deforestation and population-explosion the world is facing environmental crisis. Green house effect and consequent global warming, depletion of ozen layer due to the pollutants have threatened the existence of life on the earth. It has forced the Ecologists, Scientists and Politicians to talk about the Global cooperation for the conservation of nature and natural resources. Now they are talking that the world is one, environment is one, which has no boundaries, hence it is our common responsibility to safeguard the earth from ecological disaster. Sustainable development is the need of time. If we conserve and manage our natural resources properly than we may have balanced ideal environmental conditions for life on the earth. Now they have also realized the fact that common people should have basic knowledge of the environmental matters and the quest for environmental protection must be maintained at all level. The same echo is coming from the Vedic concept of Biosphere **"Vasudhaiva Kutumbakam"** i.e. the whole earth is one family (Rg. 1.191, 6).

Study of Rgveda, which is oldest literary record of human civilisation on the earth, reveals the fact that Vedic people were fully aware of the environmental conservation and protection and were having scientific knowledge of the ecology and environmental matters. Vedic seers have described the origin and evolution of the creation as a natural phenomena and recognised the fact that in this world what is and what is to be is nature only, they have invoked nature as goddess Aditi (Rg. 1-89-10). After getting the knowledge of the principle under which universe is working in a definite order, they have described the origin and evolution of the creation from a fundamental energy under the name of Vishvakarma or Prajapati, which is said to embrace all the things and regarded the same as one God above all God and described the same in Purusa sukta, (Rg. 10.90). Their concept of yagnya-sacrifice is a symbolic representation of action & interactions going on in the nature (Rg. 10.150 & 10.90, 16)) which is synonym to modern concept of ecosystem at microlevel accordingly the whole creation is a yagnya in which every individual has his own importance and duty.

16.2 Creation A System

Vedas are the oldest literary record of human civilisation on the earth. Vedic hymns reveals the knowledge of our Ancients regarding the nature, natural phenomenon and the origin and evolution of the creation in a scientific manner. Accordingly the origin of life on the earth is a natural process of evolution, which is influenced by forces working in the nature. They have concluded that everything present on the earth and in future also, it will be only nature. Accordingly they have emphasised to maintain harmony and equilibrium with nature. As all the natural component are equally important and independently each component is complete in itself and inevitable for nature, as such they have given due importance to the every component of nature and regarded the same as deities.

The language of the vedic hymns is many thousands year old, as such to expect the names of the components in present day terminology will be too much. Many of the names which vedic seers have used are now commonly used in different senses. Beside this they have expressed their views in a coded symbolic language form that too mostly in the form of metaphors and riddles. As such it is very difficult to interpret the meaning of vedic hymns. But when we realise the fact that vedic hymns are too old with full knowledge of the creation, even more advanced than our present day civilisation. The same they have tried to transfer from generation to generation through oral recitation. Because they were fully aware of the fact that every thing present on the earth is subject to deterioration with space time and environmental condition, but in any circumstance the human species will not be vanished fully, hence they have formulated their knowledge in phonetically recited language so that the sequence of the words may not be disturbed in long course of time. In their efforts to safeguard the knowledge they were fully successful as their knowledge has reached to us and now with the development of modern science and technology we are in a position to interpret the same, although we have not touched the height of vedic civilisation but it is sufficient to interpret the same and to get the clues for our future prosperity, so that the aim of our ancestors may be fulfilled. Only in this way if we are having the fundamental knowledge of any particular branch of science we will be able to grasp the knowledge accordingly and than we can think in further direction, in the same fashion if we know the key to interpret the vedic hymns, we will be able to grasp and interpret them in a proper way.

We were misguided from very beginning that vedas are religious scriptures, which have polytheistic approach towards God and deals with rituals for the same. We find description of about thirty three Gods in veda. Which are related with the three divisions of the universe (earth, atmosphere and sky) physical features of the vedic deities are anthropomorphic, figurative description of deities is simply meant to describe their activities figuratively, thus the arms of Sun indicates solar rays, their connection with nature and natural phenomena are all most clear. It should also be clear from the fact that there is no description of idols and temples in Rigveda on the contrary to this demons asuras, Goblins and Rakshas which are considered to be the enemies of deities, but in exact sense they are contaminators of air, soil and microbes which cause diseases in living beings. In a similar fashion the sky is described as vast ocean. The source of life on the earth are plants, they are invoked as divine healers (Rigveda 10-97). The whole phenomena of creation its origin and activity is attributed to time- Kal known as Samvatsar Kal Atharvaveda (8-8-23) which is related with rotation of the Sun at its Axis (Rig. 1-164-48) sacrifice yagnya is a symbolic representation of modern concept of ecosystem at micro level.

Aditi signify the nature (Rig. 1-89-10), which holds life and biosphere is depicted by `Vasudhaiv Kutumbkam` the whole earth is one family, which include every thing present on the earth. For their efficient working and cleanliness they have been invoked as deities (Rig. 1-191-6).

As we known today that the ozone layer which is present in the upper Atmosphere protects life on the earth And earth`s magntosphere is another factor which is responsible for cordial conditions of life on the earth, the same they have indicated in the

संवत्सरो रथः परिवत्सरो रथोपस्थो विराडीषाग्नी रथमुखम्।
इन्द्रः सव्यष्ठाश्चन्द्रमाः सारथिः।।

अथर्ववेद 8.8.23

The year (*Sainvatsara*) is the chariot, the complete year (*parivatsara*) the chariot-lap, viraj the pole (*isa*), Agni the chariot-mouth, indra (Sun) the left-stander, the moon the charioteer .

तन्त्रमेके युवती विरूपे अभ्याक्रामं वयतः षणमयूखम्।
प्रान्या तन्तूंस्तिरते धत्ते अन्या नाप वृञ्जाते न गमातो अन्तम्।।

अथर्ववेद 10.7.42

A certain pair of maidens, of diverse from, weave, be taking themselves to it, the six-pegged web; the one draws forth the threads (*tantu*), the other sets [them] ; they wrest not off (*apa-vrj*), they go not to An end.

तयोरहं परिनृत्यन्त्योरिव न वि जानामि यतरा परस्तात्।
पुमानेनद् वयत्युङ्गृणति पुमानेनद वि जमाराधि नाके।।

अथर्ववेद 10.7.43

Of them, as of two women dancing. About, I do not distinguish (*vi-jna*) which is beyond ;A man (*pumans*), weaves it, ties [it] up; A man hath borne it About upon the firmament (*naka*).

इमे मयूखा उप तस्तभुर्दिवं सामानि चक्रुस्तसराणि वातवे:।

अथर्ववेद 10.7.44

These pegs propped up the sky ; the chants they made shuttles for weaving.

hymns of Rig. 1.164.25 and Atharva Veda 10.8.36, & 1.32.2, 4 they have also drawn attention towards global warming. Atharvaveda 10.8.39 and 40,41.

Vedic concept of eternal life indicates that the creation is an energy system, which develop from A fundamental energy through A gradual process of evolution and reaches at its peak through

जगता सिन्धुं दिव्यस्तभायद्रथन्तरे रथंतरे सूर्यं पर्यपश्यत्।
गायत्रस्य समिधस्तिस्त्र आहुस्ततो मह्ना प्र रिरिचे महित्वा।।

Rig. 1.164.25

With *jagati* the flood in heaven he established and saw the Sun in the *Rathantara Saman*.

Gayatri hath ; they say, three brands for kindling : hence it excels in majesty and vigour.

1. इमामेषां पृथिवीं वस्त एकोन्तरिक्षं पर्येको बभूव।
दिवमेषां ददते यो विधर्ता विश्वा आशाः प्रति रक्षन्त्येकें।।

अर्थववेद 10.8.36.

One of them clothes himself in this earth ; one encompassed the atmosphere ; he of them who is disposer (*vidhartr*) gives the sky; some defend respectively all regions (*aca*).

2. यदन्तरा द्यावापृथिवी अग्निरैत् प्रदहन् विश्वदाव्यः।
यत्रातिष्ठन्नेकपत्नीः परस्तात् क्वेवासीन्मातरिश्वा तदानीम्।।

अर्थववेद10.8.39

As between heaven-and earth agni went, burning on, all-consuming, where stood beyond they (f.) of one husband - where perchance was mataricvan then?

3. अप्स्वरसीन्मातरिश्वा प्रविष्टः प्रविष्टा देवाः सलिलान्यासन्।
बृहन हं तस्थौ रजसो विमानः पवमानो हरित आ विवेश।।

अर्थववेद 10.8.40

Mataricvan was entered into the waters; the gods were entered into the seas; great stood the traverser of space; the purifying one entered into the green ones.

Higher, As it were, than the *gayatri, upon* the immortal (*amrita*) he strode out; they who know completely chant with chant-where then was seen the unborn one (*aja*) .

Atharva-veda 10-8-41

actions and interactions in a cyclic manner. Atharvaveda 10.7.42,43,44. It seems that at its extremist limit the intellectual components of nature, human beings through their activities themselves create the situation of catastrophe by disturbing the natural imbalance which leads to global warming and destruction of life on the earth. Again the process of development starts in a similar fashion as in earlier era. Atharva veda 10-8-41.

From the knowledge of the Vedic hymns, it seems that earth had faced similar situation, which we are facing today, the same they have expressed in symbolic language in Vedic hymns. Accordingly they have emphasized to maintain harmony with nature by invoking nature and natural components as deities in a symbolic manner, which is a deep sense of obligation towards the things, which are useful in day to day life, as they have also invoked plough, pressing stones used in the preparation of soma juice, music drums used in the battle fields. In this way they have inspired common people to realise their duties towards nature, because nature is the source of Eternal Life on the earth. Present day civilisation yet to realise it. On the contrary after Stock Holm conference on Environment 1972, deterioration of nature became rapid. Hamburg Institute for Meteorology of Max Plank Society has reported indentical to today's 'green house effect' And consequent global warming had occurred about 18000 years ago (German news Sept., 89 page 25). The scientific knowledge of vedic hymns in the present circumstances can lead and guide us for ideal life and environmental conditions on the earth. So that the natural catastrophe which is inevitable at present can be avoided.

4. अन्तरिक्ष आसां स्थाम श्रान्तसदामिव।
आस्थानमस्य भूतस्य विदुष्टद् वेधसो न वा।।

अर्थववेद 1.32.2

In the atmosphere is the station of them, as of those sitting wearied; the station of this that exists (*bhuta*): that the pious know-or they do not.

5. विश्वमन्यामभीवार तदन्यस्यामधि श्रितम्।
दिवे च विश्ववेंदसे पृथिव्यै चाकरं नमः।।

अर्थववेद 1.32.4

The one hath covered All; this rests upon the other; both to the heaven And to the all-possessing earth have I paid homage.

16.3 Origin of Life and Spiritualism

Origin of life on the Earth is a controversial problem, on which modern science and Spiritualistic views are far a part. But without the correlation between the two, harmony between different spiritual faiths and science will not be possible .It is common concept among the scientists that religious scriptures are only myths and with the advancement of science and technology, scientists have established this fact that the origin of life on our planet is purely a materialistic process, on the contrary religious scriptures says that there is a creator behind the creation although religious scriptures have traced the origin and evolution of life on the same line but in short because they have realised the supreme force of the nature the same they have described as GOD or creator.

16.4 Origin of Life: Inter Disciplinary Approach

All the Universe is energy, at some places the energy is condensed in to electron, proton and neutrons, which bind together to form atoms and atoms in turn bound in to molecules that form substances to whom we can touch feel and call it as mass energy. According to Einstein's equation $E=mc^2$, means the energy and mass are interconvertible. It means the whole universe is the playground of energy and its transformations through actions and interactions in a cyclic manner.

As per the nebular hypothesis, our Solar system came in to existence from a Solar nebula which may have been produced through energy interactions, when energy gets condensed, it may have given the birth to the planets, which constitute our Solar system. In which the Sun is the main source of energy. The earth, which is a part of the same, due to its peculiar position in the Solar system, as it is neither very far from the Sun, nor it is too close. Accordingly, under temperature pressure gradient and planetary movements, earth and its atmospheric environmental conditions came in to existence after a series of actions and interactions. Which is mainly influenced by the planetary movements and rotation of earth and the Sun at their axis. The same has given the concept of time as Day-Night, Month, Year & Seasons-known as universal clock . With this the formation of Ozone layer in the atmosphere is pre requirement for origin of life on the earth .

Earth is considered to be 4.6 billions years old, it is estimated that life originated on the earth in sea water in the form of prokaryotes, before 2-3 billion years ago. It seems that life is a specific form of movement and energy which emerge at a certain stage of the evolutionary development of matter under space, time and environmental conditions. The specific form of movement and energy is known as life driving force, till it is bound in the cell or body of the organism, it exhibit properties of living being and when the movement get arrested life driving force is also not generated, to whom we call it as death. It is a well known fact that living cells arise from preexisting cells only, in this fashion they maintained continuity of life, which once originated on the primitive earth . In the same fashion fundamental energy generated in primitive Solar nebula, which gave the birth to the nebula and solar system, maintained its continuity in atoms, molecules and substances, which when aggregated in a specific form produced a cell like structure such as coaservates, as suggested by A. I. oparin 1922. Life may have been originated in two fold manner, on one side coaservates with charged particles in side them may have been formed . The oppositely charged particles with the formation of a viscous substance in side the coaservates gave it streaming movement in the influence of electrostatic pressure, with this the life driving force came in to existence, which is the energy generated due to the movement of the viscous mass. Once the streaming movement started, to maintain its continuity, on the other hand virus like structure, which were having only RNA as genetic material but without protein coat (like potato tuber spindle virus) may have been synthesised abiotically, which when infected or enclosed in such coaservates showing streaming, gave it the capacity for energy transformation in side a closed system, which maintained its continuity through multiplication and complexity through mutation and evolution. The life driving force is the same energy which was generated initially and given birth to the primitive Solar nebula, the same has shown its continuity through atoms, molecules, substances and living beings. In living organism it gets concentrated in its specific nature in a closed system and control metabolism, hence the seeds of origin of life may be attributed to the nebular fundamental energy, but the basis and cause of life is the presence of Ozone layer in the upper atmosphere, which acts as shield and protect the living organisms from toxic effects of Ultra Violet rays and other rays below 3000Å.

16.5 Basis of Life and Global Warming in Veda

Today it is well known fact that the protector of life on the Earth is Ozone layer, which is present in the upper atmosphere. Ozone protect us from harmful effects of Ultra violet radiations from Sun. It plays a major role in climatology and biology of the earth. It filters all radiations below 3000 A. In this way it acts as shield and connected with life sustaining processes. Normally temperature decreases with increasing altitude in the troposphere upto 16 km. from the earth's surface, while it increases with increasing altitude in the stratosphere from 16 to 50 km. from earth's surface. This rise in temperature in stratosphere and temperature inversion is due to the ozone layer, which absorb the UV radiations and heats the stratosphere.

Any change in the concentration of ozone layers would lead to temperature changes and rainfall failure. A series of harmful effect are covered by an increase in UV radiation such as skin diseases, cancer, cataract and destruction of aquatic life and vegetation. It causes harmful mutations also. It means for life on the earth ozone layer is most important.

Knowledge of the ozone layer and its importance is not new for this world as it was also known to our ancients in vedic era as described in vedic hymns. During the description of the creation and in the hymns related with creation vedic seers have given due importance to this layer and attributed it as the basis of life on the earth. Accordingly the origin of life on the earth is a natural process of evolution, which is influenced by forces working in the nature.

We find description of about thirty three Gods in the veda. Which are related with the three divisions of the universe (earth, atmosphere and sky) physical features of the vedic deities are anthropomorphic, figurative description of deities is simply meant to describe their activities figuratively, otherwise their connection with nature and natural phenomena are clearly indicated.

The source of life on the earth are plants, they are invoked as divine healers (Rigveda 10-97). The whole phenomena of creation its origin and activity is attributed to time-Kal known as Samvatsar Kal Atharvaveda (8-8-23) related with rotation of the Sun at its axis (Rig. 1-164-48) the same is known as yagnya, (Rig 1-164-50) and nature of reactions are indicated in Atharvaveda 10-7-42, 43, 44 the yagnya is a symbolic representation of modern concept of ecosystem at micro level. Aditi signify the nature (Rig 1-89-10), which holds life and biosphere is depicted by 'Vasudhaiv Kutumbkam' the whole earth is one family, which include every thing present on the earth. For their efficient working and cleanliness they have been invoked as deities (Rig. 1-191-6). The basis of life is in the mid sky Rig 1-164-25, Atharva veda 10-8-36 & 1-32.2, 4. They have also drawn attention towards global warming. Atharva veda 10.8.39, 40, 41.

संवत्सर - A year

संवत्सरो रथः परिवत्सरो रथोपस्थो विराडीषाग्नी रथमुखम्।

इन्द्रः सव्यष्ठाश्चन्द्रमाः सारथिः।। अथर्ववेद 8-8-23

The year (*Sainvatsara*) is the chariot, the complete year (*parivatsara*) the chariot-lap, viraj the pole (*is a*), Agni the chariot-mouth, indra (Sun) the left-stander, the moon the charioteer.

द्वादश प्रधयश्चक्रमेकं त्रीणि नभ्यानि क उ तच्चिकेत।

तस्मिन्त्साकं त्रिशता न शङ्क्वोऽर्पिता षष्टिर्न चलाचलासः ।।

ऋ. 1-164-48

Twelve are the fellies, and the wheel is single; three are the naves. What man hath understood it?

Therein are set together spokes three hundred and sixty, which in nowise can be loosened.

यज्ञ - Action and interactions

यज्ञेन यज्ञमयजन्त देवास्तानि धर्माणि प्रथमान्यासन्।

ते ह नाकं महिमानः सचंत यत्र पूर्वे साध्याः सन्ति देवाः ।।

ऋ. 1-164-50, 10-90-16

By means of sacrifice the Gods accomplished their sacrifice: these were the earliest ordinances.

These Might Ones attained the height of heaven, there where the Sadhyas, God of old, are dwelling.

Nature of reactions - oxidation and reduction

तन्त्रमेके युवती विरूपे अभ्याक्रामं वयतः षण्मयूखम्।

प्रान्या तन्तूंस्तिरते धत्ते अन्या नाप वृञ्जाते न गमातो अन्तम्।।

अथर्ववेद 10-7-42

A certain pair of maidens, of diverse from weave, betaking themselves to it, the six-pegged web; the one draws forth the threads (*tantu*), the other sets [them]; they wrest not off (*apa-vrj*), they go not to an end.

तयोरहं परिनृत्यन्त्योरिव न वि जानामि यतरा परस्तात्।

पुमानेनद् वयत्युङ्गृणति पुमानेनद वि जमाराधि नाके।।

अथर्ववेद 10-7-43

Of them, as of two women dancing about, I do not distinguish (*vi-jna*) which is beyond; a man (*pumans*), weaves it, ties (it) up; a man hath borne it about upon the firmament (*naka*).

इमे मयूखा उप तस्तभुर्दिवं सामानि चक्रुस्तसराणि वातवे:।

अथर्ववेद 10-7-44

These pegs (cycles) propped up the sky; the chants (substrate) they made shuttles for weaving.

Aditi - nature

अदितिर्धौरदितिरन्तरिक्षमदितिर्माता सपिता स पुत्र:।

विश्वे देवा अदिति: पंच जना अदितिर्जातमदितिर्जनित्वम् ।।

ऋ. 1-89-10

Aditi is the heaven, Aditi it mid-air, Aditi is the Mother and the sire and Son.

Aditi is all Gods, aditi five-classed men, Aditi all that hath been born and shall be born.

Earth is one family

द्यौर्व: पिता पृथिवी माता सोमो भ्रातादिति: स्वसा।

अदृष्टा विश्वदृष्टास्तिष्ठतेलयता सु कम्।।

ऋ. 1-91-6

Heaven, is your Sire, your Mother Earth, Soma your Brother, Aditi Your Sister; seeing all, unseen, keep still and dwell ye happily.

Hamburg Institute for Meteorology of Max Plank Society reported indentical to today's green house effect' and consequent global warming had occurred about 18,000 years ago (German news September, 89 page 25). Which confirm the existence of Vedic civilization and its knowledge.

In the 1st volume of the Rigveda in hymns 164, full description of the creation is there in nutshell. Here in Rigvedic language and tradition the vedic seers have expressed their views as if that life is herself explaining its basis on the earth in this fashion.

द्यौर्मे पिता जनिता नाभिरत्र बन्धुर्मे माता पृथिवी महियम्।

उत्तानयोश्चम्वो3र्योनिरन्तरत्रा पिता दुहितुर्गर्भमाधात्।।

ऋ. 1-164-33

Dyaus is my father, my bigetter: kinship is here. This great earth is my kin and mother.

Between the wide spread world halves is the birth place; the father laid the daughter's germ within it.

In this stanza life itself indicates that the father means fundamental energy is the cause of creation which is the germ essence of life on the earth, "Earth is like my mother and brother, which provide nourishment and raw material for the life processes. Sky is father who provide space. The basis of life is in the upper halves of the atmosphere in between the earth and heaven, who shield and protect life from UV radiation, hence sky is naval centre place of life.

जगता सिन्धुं दिव्यरकमादद् रर्थतरे सूर्ये पर्यपश्यत्।

गायत्रस्य समिधिस्तिस्त्र आहुस्ततो मह्ना प्र रिरिचे महित्वा।।

ऋ. 1-164-25

With *jagati* the flood is heaven he established and saw the Sun in the *Rathantara Saman.*

Gayatri hath; they say, three brands for kindling: hence it excels in majesty and vigour.

As we known today that the ozone layer which is present in the upper atmosphere protects life on the earth and earth's magntosphere is another factor which is responsible for cordial conditions of life on the earth, the same they have indicated in these hymns, where *Rathantara Saman* is Suns' magnetic field and *jagati* is the station in the atmosphere where the Solar wind and Solar flares are trapped by the earth's magnetosphere, the three bands of *Gayatri* are fundamental particles of the nature and indicate about the magnetospheric processes going on in the magnetosphere.

In the Atharvaveda the vedic seers indicated the presence of ozone layer in this fashion.

इदं जनासो विदथ महद् ब्रह्म वदिष्यति।

न तत् पृथिव्यां नो दिवि येन प्राणन्ति वीरूधः।।

अर्थववेद 1-32-1

1. Now, ye people, take knowledge, he will speak a great mystery (?Brahman); that is not on earth nor in the sky whereby the plants breathe.

Here Vedic seer says that now I will explain that how the living creatures breath on the earth's surface, the basis of which is not on the earth nor in the Sun, but root cause of respiration is any where else.

Respiration is vital process of life, during this process living beings take Oxygen and release Carbon di-oxide, this marvellous process in side a cell is a sign of life, which provide energy for various life processes by oxidation of food material. This process is going on till death, the raw materials required are present on the earth but Vedic seer says that the basis of respiration is not on the earth nor in the Sun, where? it is indicated in the next stanza.

अन्तरिक्ष आसां स्थाम श्रान्तसदामिव।

आस्थानमस्य भूतस्य विदुष्टद् वेधसो न वा।।

अर्थववेद 1-32-2

2. In the atmosphere is the station of them, as of those sitting wearied; the station of this that exists (bhuta): that the pious know-or they do not.

Antariksham means the mid air is the place and station of these creatures, it indicates that in the upper atmosphere some factor is present, which inspire respiration means Ozone layer which shield and protect the living organisms from toxic effects of UV radiations by absorbing them. It is difficult to understand, hence the seer said that whether the intellects know it or not.

यद् रोदसी रेजमाने भूमिश्च निरतक्षताम्।

आंर्द्र तदद्य सर्वदा समुद्रस्येव स्त्रोत्याः।।

अर्थववेद 1-32-3

3. What the (two) quaking firmament (rodasi) - and the earth - fashioned out, that at present is always wet, like the streams of the Ocean.

In this stanza Vedic seer says by addressing Sun and earth and that in the beginning by movement the essence (magnetic energy) which you have generated is eternally nourishing the creation like a source of Ocean.

Now it is a universal fact that the solar wind coming from the Sun are trapped by the Magnetosphere of the earth. The Magnetosphere is the boundary between the Sun's magnetic field and earth's geo magnetic field, which is the region of various magnetospheric processes and plasma the same is the source of creation, which is indicated here by means of nourishing sap-the essence of creation, which is generated due to the trembling means movement in the beginning and the same is described here as eternal source like a Ocean. It is a symbolic indication of magnetic field and magnetosphere of the planets as eternal source of creation.

विश्वमन्यामभीवार तदन्यस्यामधि श्रितम्

दिवे च विश्ववेदसे पृथिव्यै चाकरं नमः।।

अर्थववेद 1-32-4

4. The one hath covered all; this rests upon the other; both to the heaven and to the all - possessing earth have I paid homage.

This essence (magnetic energy) has enveloped one, the same enveloped other and dependent. This essence is in Sun earth and in all known substances.

It is indicated here that in the beginning of solar system through movement generation of magnetic field and magnetosphere was there in the Sun, with this magnetic field and magnetosphere were also generated on the earth, due to the movement of the earth at its axis. The earth's geo magnetic field and magnetosphere are dependent on the Sun. All other planets are having their existence on the same basis and are dependent on each other.

In this way Vedic seers have indicated about the interplanetary magnetic field, through the example of Sun and earth.

In this hymn means nourishing sap-the essence of creation, which is generated due to the trembling means movement in the beginning and the same is described here as eternal source like a Ocean. It is a symbolic indication of magnetic field and magnetosphere of the planets as eternal source of creation.

In the Skambha sukta of Atharvaveda questions regarding the creation were asked and accordingly answers were given, how the creation is working is indicated here.

इमामेषां पृथिवीं वस्त एकोऽन्तरिक्षं पर्येको बभूव।

दिवमेषां ददते यो विधर्ता विश्वा आशाः प्रति रक्षन्त्येके।।

अर्थववेद 10-8-36

One of them clothes himself in this earth; one encompassed the atmosphere; he of them who is disposer (*vidhartr*) gives the sky; some defend respectively all regions (*aca*).

In this stanza the answer is given about the disposer character of the creation. The one has enveloped the earth, this energy is geomagnetic field and magnetosphere of the earth, which protect the earth from solar wind. One encompassed the atmosphere is the indication of Ozone layer in the stratosphere, which protect the earth from UV radiation. One who is the disposer, which regulate the creation from Sky is Sun, who provide light and regulate the creation through Photosynthesis by plants, some defend all regions respectively is the protection of the earth from interplanetary magnetic field means geomagnetic field of the earth.

Global Warming

Global warming is a modern threat for existence of life on the earth, it seems that the earth may have faced this situation earlier too as indicated in the Atharva veda in a lucid manner.

यदन्तरा द्यावापृथिवी अग्निरैत् प्रदहन् विश्वदाव्यः।

यत्रातिष्ठन्नेकपत्नीः परस्तात् क्वेवासीन्मातरिश्वा तदानीम्।

अर्थववेद 10-8-39

As between heaven- and earth Agni went, burning on, all-consuming, where stood beyond they (f.) of one husband - where perchance was matarievan then?

अप्स्वसीन्मातरिश्वा प्रविष्टः प्रविष्टा देवाः सलिलान्यासन्।

बृहन् ह तस्थौ रजसो विमानः पवमानो हरित आ विवेश।।

अर्थववेद 10-8-40

Mataricvan was entered into the waters; the gods were entered into the seas; great stood the traverser of space; the purifying one entered into the green ones.

उत्तरेणेव गायत्रीममृतेऽधि वि चक्रमे।

साम्ना ये साम संविदुरजस्तद् ददृशे क्व।।

अर्थववेद 10-8-41

Higher, as it were than the *gayatri*, upon the immortal (*amrita*) he strode out; they how know completely chant with chant-where then was seen the unborn one (*aja*).

Here the Vedic seers have clearly indicated the fate of creation after global warming and with the energy of Gayatri (fundamental particles) again the process of evolution start as in earlier era. The person who know that how substances are produced from substances they know where was the unborn means the root of fundamental energy (bond energy).

References

Ayyangar T.R.S. — *Yoga Upanishads*/the Adyar Library 1952

Agrawal V.S. — *Sparks from the vedic fire School of vedic Studies*/B.H.U. Varanasi

Banerji S.C. — *Flora & Fauna in Sanskrit literature*/ Calcutta Naya Prakashan 1980.

Bhatnagar, M.S. — *The Concept of Matter & its status in Indian lit.*/IJHS 19IV 125-42-1984

BhatnagarA.K. — *A glimpse into Soil Science and Agriculture in ancient India.*

Griffith — *Hymns of Rigveda* (English translation) Motilal Banarasidas New Delhi.

Gaud, P.N. — *The exact Sciences in the Veda*/IQJM, 9IV 237-51-1919.

Gupta, M.L. — *Truths about the solar system as revealed in Rigveda*/BSSS 42IV 1974-75.

Hansraj — *Science in the Veda*/Shakti Publication -1956.

Hume — *The Thirteen Principal Upnishads* Translation & commentary/Robert hume Oxford University press, Delhi.

Jha, V.N. — *Metaphors in Vedic Literature*/Editor, V.N. Jha, centre of Advanced Study in Sanskrit. University of Pune, 1998. Proceedings of the National Seminar on Environmental awareness as reflected in Sanskrit literature. V.N. Jha (Editor)

Mcdonell A.A. — *Vedic Reader for Students*/Oxford University Press, London.

Mcdonell A.A. — *History of Sanskrit literature*/Munshi Ram Manohar Lal, Nai Sarak, Delhi.

Nason A. — *The Biological World*/John Wiley & Sons Inc. Newyork

Oparin A.I. — Modern concepts of the Origin of Life on the Earth, *Recent Developments in plant Science*/10-22 Today & Tomorrows Printers and Publishers, New Delhi.

The Biosphere/W.H. Freeman and Company, San Francisco.

Shastri — *Upanishada Sangrah*/Hindi Translation by Devendra Shastri, Arya Sahitya Mandal Ltd. Ajmer.

Sircar N.N. — *Knowledge of Bacteria in ancient India*, JNSI. 1971./Saraswati Dayanand -Rigveda, Hindi Translation & Commentary by Maharishi Dayanand Saraswati. Sarvadeshic press, Delhi.

Upadhyay B. — *Vedic Sahitya & Sanskrati*/Sharda Mandir, Varanasi

Whitney W.D. — *Atharvaveda Samhita* (English translation). Vol. 1 & 2 Motilal Banarasidass, Delhi

वेद विषयक व्याख्या ग्रन्थ

अरनाल्ड	–	*दी वैदिक मीटर*
भगवतशरण उपाध्याय	–	*ओमैन इन द ऋग्वेद* (प्रो. नन्द किशोर एण्ड ब्रदर्स काशी)
ब्लूमफील्ड	–	*रिलीजन आफ दी वेद*
ब्लूमफील्ड	–	*अथर्ववेद एण्ड गोपथ ब्राह्मण* (हिन्दी अनुवाद) (प्रकाशक –चौखम्भा विद्याभवन काशी 1965)
सूर्यकान्त शास्त्री	–	*वैदिक कोश* (प्रकाशक हिन्दी विश्वविद्यालय, 1965)
कीथ	–	*रिलीजन एण्ड फिलासफी आफ वेद एण्ड उपनिषद्* (हिन्दी अनुवाद) दो भाग (प्रकाशक मोतीलाल बनारसीदास 1966)
घाटे	–	*लेक्चर्स आन ऋग्वेद* (पूना)
घाटे	–	*वैदिक एज* (प्रकाशक – भारतीय विद्या भवन, बम्बई)
डा. म्यूर	–	*ओरिजनल संस्कृत टेकस्ट्स* के पाँच भागों का हिन्दी अनुवाद। मूल संस्कृत उद्धरण भाग 1 तथा 3 प्रकाशित (चौखम्भा विद्याभवन वाराणसी 1964)
मैकडोनल	–	*हिस्ट्री आफ संस्कृत लिटरेचर* (आरम्भिक नौ परिच्छेद) इसका हिन्दी अनुवाद (दिल्ली)

मैक्समूलर - *हिस्ट्री आफ एनसिएन्ट संस्कृत लिटरेचर* (पुनर्मुद्रण–पाणिनि आफिस इलाहबाद)

मैक्समूलर और कीथ - *वैदिक इंडेक्स* (हिन्दी अनुवाद) दो भागो में (प्रकाशक - चौखम्भा विद्या भवन काशी 1965)

मैक्डोनल - *वैदिक माइथोलाजी* (हिन्दी अनुवाद) (प्रकाशक - चौखम्भा विद्याभवन काशी 1965)

मैक्डोनल - *दी वैदिक ग्रामर* (स्ट्रासबुर्ग, जर्मनी)

मैक्डोनल - *दी वैदिक ग्रामर फार स्टूडेन्ट्स* (आक्सफोर्ड)

मैक्डोनल - *दी वैदिक रीडर* (आक्सफोर्ड)

डा. राम गोपाल - *सोशल कन्डिशन इन गृह्यसूत्राज* (दिल्ली)

मैक्डोनल - *वैदिक व्याकरण* (प्रथम खण्ड) दिल्ली।

आर. एन. दाण्डेकर - *वैदिक बिब्लीओग्राफी* (पूना)

लुईरैनो - *वैदिक इण्डिया*

लुईरैनो - *वैदिक बिब्लीओग्राफी* (पेरिस)

विन्टरनित्स - *हिस्ट्री आफ इण्डियन लिटरेचर* (प्रथम भाग) वैदिक साहित्य का इतिहास (हिन्दी अनुवाद) (नवीन सं. चौखम्भा काशी 1964)

सन्दर्भ ग्रन्थ

डॉ. राधाकृष्णन् - *सत्य की ओर*, सरस्वती विहार, नई दिल्ली

डॉ. राधाकृष्णन - *हमारी संस्कृति*, सरस्वती विहार, नई दिल्ली

रामचन्द्र दत्तात्रय रानाडे - *उपनिषद् दर्शन का रचनात्मक सर्वेक्षण*, राजस्थान हिन्दी ग्रंथ अकादमी, जयपुर

बाल गंगाधर तिलक - *गीता रहस्य अथवा कर्मयोग शास्त्र*, अनुवादक - माधवराव सप्रे

महर्षि दयानन्द सरस्वती - *ऋग्वेद* - (आर्य भाषा भाष्य) भाग 1 से 5, सार्वदेशिक आर्य प्रतिनिधि सभा, नई दिल्ली

बाइबल - *पवित्र शास्त्र, पारिवारिक भक्तिपूर्ण अध्ययन,* इण्डिया बाइबल लिटरेचर, मद्रास

The Bible Collins Clear type press, London

अनुवाद, मुहम्मद फारूक खाँ कुरआन मजीद, मक्तबा अल हसनात, रामपुर (उ.प्र.)

पं0 श्री रघुनन्दन शर्मा - *वैदिक सम्पत्ति पूर्वार्ध एवं उत्तरार्ध*, प्रकाशक - कान्तिलाल गिरधरलाल शाह, बडोदा

जवाहरलाल नेहरू - *हिन्दुस्तान की कहानी*, सस्ता साहित्य मण्डल प्रकाशन, नई दिल्ली

ईशादि - *ईशादि नौ उपनिषद* व्याख्याकार, हरिकृष्णदास गोयनका - गीता प्रेस, गोरखपुर

पं॰ देवेन्द्र नाथ शास्त्री - *उपनिषद सग्रँह अनुवाद*, आर्य साहित्य मण्डल लिमिटेड, अजमेर

आचार्य बलदेव उपाध्याय - *वैदिक साहित्य और संस्कृति*, शारदा मन्दिर, काशी

चतुर्वेदी गीरधर शर्मा - *वैदिक ज्ञान और भारतीय संस्कृति*, राष्ट्र भाषा परिषद पटना, बिहार

सुरजनदास स्वामी - *शतपथ ब्राह्मण द्वितीय काण्डम* गुरू गंगेश्वर ग्रंथमाला, अहमदाबाद

रामधारी सिंह दिनकर - *संस्कृति के चार अध्याय*, लोक भारती, प्रकाशन, इलाहबाद - 1